W0003592

BASTEI
LÜBBE
TASCHENBUCH

Weitere Titel des Autors:

Bierquälerei
Das Wunder von Bernd

Titel auch als E-Book erhältlich

Über den Autor:

Volker Keidel, 1969 in Würzburg geboren, verdingte sich mit verschiedenen Gelegenheitsjobs u. a. bei Siemens am Fließband, als fahrender Bäcker, Eisverkäufer und Pförtner einer Schwesternschule, bevor er in München Buchhändler wurde. Seit vielen Jahren organisiert er dort Lesungen und liest auch selbst bei der Veranstaltungsreihe *Westend ist Kiez*, unter anderem aus seinem Buch *Bierquälerei*, das 2012 erschien. Volker Keidel hat zwei Kinder, die er im Gegensatz zum Bier nicht quält.

Volker Keidel

Massenbierhaltung

Die Freuden des einfachen Mannes

BASTEI LÜBBE TASCHENBUCH
Band 60860

Dieser Titel ist auch als E-Book erschienen

Originalausgabe

Textredaktion: Tobias Schumacher-Hernández
Titelillustration: © shutterstock/Nitr
Umschlaggestaltung: Massimo Peter
Satz: hanseatenSatz-bremen, Bremen
Gesetzt aus der Optima
Druck und Verarbeitung: GGP Media GmbH, Pößneck
Printed in Germany
ISBN 978-3-404-60860-7

1 3 5 4 2

Inhalt

Massenbierhaltung

Ich erschrecke sehr, als ich in den Kühlschrank schaue. Und ich schäme mich. Im Kühlschrank liegen vier Flaschen Bier.

In einer halben Stunde wollen Murphy, Breiti und Lauer zum Fußballschauen vorbeikommen.

Ich höre mich schon sagen: »Teilt euch das Bier gut ein. Es gibt für jeden nur eines.«

Gut, es sind 0,5er-Flaschen, trotzdem werde ich mutmaßlich auf wenig Verständnis stoßen. Entweder werden sie mich schlagen oder wortlos gehen. Oder beides.

Jetzt ist schnelles Handeln gefragt. Die Super- und Getränkemärkte sind geschlossen, die Preise an der Tanke sind mir die Jungs nicht wert.

Doch, sind sie schon, aber dann erinnere ich mich an Michis großen Kühlschrank im Keller.

»Komm vorbei«, sagt er lachend, nachdem ich ihm am Telefon mein Problem geschildert habe.

Zur Begrüßung nennt er mich »Amateur!« und führt mich in den Keller.

»Früher ist mir das auch ab und zu passiert«, erzählt er. »Seitdem ich jedoch einen festen Job habe, ist mir das zu doof. Nun achte ich penibel darauf, immer mehr als 100 Flaschen Bier zu Hause zu haben. Den schlappen Hunni, den mich das kostet, ist es mir absolut wert.«

Ich nicke. »Das ist vernünftig«, sage ich, »aber sind 100 Flaschen nicht etwas übertrieben? Würden zwei Kisten nicht reichen?«

»Das dachte ich anfangs auch. Dann haben Ludwig, Ruhrpott-Ralle und Tobi eines Samstagmorgens spontan mit Weißwürsten und Brezn an der Tür geklingelt. Um 12 Uhr waren nicht nur traditionsgemäß die Weißwürste aufgegessen, sondern auch meine beiden Träger Bier vernichtet. Wäre ich nicht so unglaublich voll gewesen, hätte mich das peinlich berührt. Zum Glück sind die anderen dann eingenickt, sodass ich meine Frau zum Bierkaufen schicken konnte. Aber stell dir vor, es wäre auch nur ein guter Trinker mehr dabei gewesen. Nicht auszumalen. So waren wir pünktlich um 15:30 Uhr zur Bundesliga wieder wach und hatten frisches Bier.«

Michis Frau Anja läuft kopfschüttelnd an uns vorbei. Michi lässt sich allerdings in seiner Euphorie nicht stören.

»Seit diesem Tag wusste ich, dass ich mehr als 100 Bier da haben muss, um auf der sicheren Seite zu sein.«

»Aber«, wende ich ein, »fühlt man sich da nicht unter Druck gesetzt, wenn man so viele Flaschen im Keller weiß?«

»Das ist ja das Geile!«, schreit Michi. »Ich trinke seitdem erheblich mehr und meine Freunde sagen, ich sei viel lockerer geworden. Auch Anja greift mittlerweile öfter in den Kühlschrank. Du weißt, was das bedeutet.«

Er zwinkert Anja zu, Anja verdreht die Augen. Den Spruch habe ich erst vor Kurzem gelesen: Hinter jedem witzigen Mann steht eine Frau, die mit den Augen rollt.

Michi leiht mir eine Kiste, zwingt mich allerdings zu einer Sturzhalben im Türrahmen.

Und gibt mir Einkaufstipps: »Normalerweise zahlst du

vielleicht 13 Euro pro Kiste. Ich habe immer nicht nur knapp über 100 Bier da, sondern um die 130. Wenn ich mich unter die 120 getrunken habe, schau ich mich sofort nach Sonderangeboten um. Den ›Keine Werbung‹-Aufkleber an deinem Briefkasten kannst du also gleich abmachen, du musst nämlich alle Bier-Anbieter checken. Letzte Woche hab ich beispielsweise drei Kisten Jever gekauft. Für jeweils 9,99 Euro. Das ist noch keine Sensation …« Er macht eine kleine Kunstpause. »… aber zu jeder Kiste gab es einen Sixpack obendrauf.« Seine Augen leuchten. »Wahnsinn, oder?!«

»Ja«, sage ich, »aber eines verstehe ich nicht: Das Bier aus Sonderangeboten ist meistens nur noch zwei bis drei Monate haltbar. Das kannst du doch in der Zeit gar nicht trinken.«

Michi schaut mich streng an. »Willst du mich beleidigen?«, fragt er. »Rechne nach. Selbst wenn ich 150 Flaschen da habe, sind das in zwei Monaten nicht einmal drei Bier täglich. 150 Flaschen, die schafft ein ambitionierter Maurer in einer guten Woche.«

»Und wenn du in Urlaub fährst?«, hake ich nach.

»Du sagst es. Ich achte darauf, dass wir fast immer mit dem Auto wegfahren. Du glaubst nicht, wie viele Stellen es in einem Auto gibt, an denen man Flaschen verstauen kann. Und wenn du denkst, das Auto ist voll, bringst du noch mal 20–30 Flaschen unter.«

»Aber wenn ihr aus dem Urlaub zurückkommt, kriegst du unter Umständen kein günstiges Bier. Stört dich das nicht?«

»Doch schon«, antwortet Michi, »aber das Gefühl, mit sechs oder sieben Kisten Bier in der Kassenschlange zu stehen, ist unbezahlbar. Besonders Männer feiern dich ab und klopfen dir auf die Schulter.«

Michi strahlt. Zu Recht, er hat Charakter.

Mit viel Lust auf Biertrinken komme ich daheim an, die anderen warten schon.

Allerdings rechtfertigen sie nicht den Aufwand, den ich für ihr Wohlergehen betrieben habe. Murphy trinkt momentan lieber alkoholfreies Bier, Breiti hat am nächsten Tag einen wichtigen Termin, und Lauer ist der Fahrer. Also trinkt Murphy nur zwei Bier, Breiti drei und Lauer fünf. Nach dem vierten drückt er Murphy die Autoschlüssel in die Hand.

Ich kann mich kaum auf das Spiel konzentrieren, zu sehr muss ich an meinen bevorstehenden ersten Großeinkauf denken. In der Halbzeitpause kratze ich den »Keine Werbung«-Aufkleber vom Briefkasten.

Am nächsten Tag betrete ich – breitbeinig wie ein Cowboy den Saloon – den Getränkemarkt. Nach Feierabend versteht sich. Zu keiner anderen Tageszeit befinden sich mehr Männer im Getränkemarkt. Hat Michi recherchiert.

Ich traue meinen Augen nicht. Bitburger 0,0% gibt es jetzt auch als Radler. Eine Dreifach-Bestrafung sozusagen. Bitburger ist schlimm, Bitburger alkoholfrei indiskutabel. Aber Bitburger alkoholfrei als Radler, das schlägt dem Fass den Boden aus. Ich kenne Menschen, die man prima damit foltern könnte.

Dafür gibt es noch dieses »Jever plus 6«-Angebot für 9,99 Euro. Ich lade zwei Kisten davon und eine Kiste Pilsner Urquell in den Einkaufswagen. In den zweiten Wagen packe ich jeweils eine Kiste Beck's, Tannenzäpfle und Heineken. Igitt, Heineken, mag jetzt manch einer denken. Und ja, auch mir schmeckt es nur mittelmäßig, aber mir gefällt das Design der Kiste und der Flaschen so gut. Außerdem schmeckt es immer noch besser als jedes Münchner Helle.

Ich bin schon auf dem Weg zur Kasse, als ich mir zum zweiten Mal die Augen reibe. Die haben tatsächlich Holsten da.

»Holsten knallt am dollsten!«, rufe ich wie automatisch.

Als HSV-Fan kann ich hier nicht vorbeigehen. Ich lade eine Kiste ein, obwohl ich sie nicht zwingend bräuchte. Eine andere wieder aus dem Wagen zu nehmen, wäre aber irgendwie zu erniedrigend.

Außer dem Jever sind ja auch alle lange haltbar. Und sollte es doch knapp werden, lade ich Michi und seine Freunde ein.

Michi hat nicht zu viel versprochen, ich fühle mich sehr wohl in der Kassenschlange. Zweimal täusche ich kurz vor dem Bezahlen vor, etwas vergessen zu haben, nur um mich noch einmal anstellen zu können. Die Männer grinsen mich an und nicken. Manche stupsen ihre Frauen an und zeigen auf mich und mein Bier. Die Frauen verstehen nicht, »was daran jetzt so toll sein soll«.

Ich finde mich schon toll. Es ist großartig, wenn man sechs verschiedene Biersorten im Kühlschrank hat. Und wenn man weiß, dass zusätzlich zu den 20 Flaschen im Kühlschrank noch 132 Kumpels im Keller warten.

Glücklich mach ich mir zu Hause ein Jever auf. Muss ja weg!

Dann klingelt es an der Haustür. Es ist Detti, der mich weinerlich um Hilfe bittet: »O Mann, gleich bekomme ich Gäste zum Grillen. Blöderweise habe ich vergessen, zum Getränkemarkt zu gehen und Bier zu kaufen. Kannst du mir helfen?«

Zur Begrüßung nenne ich ihn »Amateur!« und führe ihn in den Keller.

Endlich erwachsen

Als ich aufwachte, beschloss ich, vernünftiger zu werden. Schließlich war ich seit einigen Monaten 20 Jahre alt und hasste es mittlerweile, verkatert aufzuwachen.

Meine Augen konnte ich aufgrund der Kopfschmerzen noch nicht öffnen, aber ich hoffte, ein wunderschönes Mädchen würde neben mir liegen. Vielleicht könnte ich sie bitten, meine Frau zu werden und mir Kinder zu schenken.

Ich würde sicher endlich erwachsen werden, wenn ich eine richtige Aufgabe hätte und Verantwortung für etwas übernehmen müsste. Wir würden erst den Dachboden meines Elternhauses ausbauen, und wenn das zweite Kind auf dem Weg wäre, würden wir mit unseren Ersparnissen ein Reihenmittelhaus mit Carport kaufen. Wenn ich mich bemühte, würde ich sicher lernen, Laminat zu verlegen und den Luftfilter unseres Vans zu wechseln. Hach, endlich Familie!

Wie es mich ankotzte, an fünf von sieben Abenden die Woche wegzugehen. Wobei die Abende meistens ganz gut waren, schlimm waren die Morgen danach.

Die Übelkeit, die strafenden Blicke meines Vaters und das schlechte Gewissen, wenn die Erinnerung langsam zurückkehrte.

Oder wenn dich deine sogenannten Freunde nur deshalb anriefen, um einen einzigen Satz loszuwerden: »Ich weiß, was du letzte Nacht getan hast.«

Gott sei Dank würde damit jetzt Schluss sein!

Voller Vorfreude schlug ich die Augen auf. Ich wollte endlich wissen, welche charmante Traumfrau mit mir alsbald durch gute wie durch schlechte Zeiten gehen würde.

Gespannt blickte ich nach links. Gut, sie hatte ein paar Haare auf dem Rücken und war etwas teigig, aber wahre Liebe schert sich nicht um körperliche Defizite.

Ich kuschelte mich an sie, dann erkannte ich Murphy am Geruch.

Erschrocken wich ich zurück. Mühsam richtete ich mich auf und erblickte, zu unseren Füßen liegend, Breiti.

Zu unseren Füßen liegend, der arme Hund!

Wir hatten bestimmt drei Stunden im »Laby« getanzt ... ich schloss nicht aus, dass Breiti tot war.

Er wachte jedoch auf, als ich ihm meinen kleinen Zeh in die Nase steckte. Seine Würgelaute weckten Hulge und Klafke, die auf dem Sofa lagen.

»So Jungs!«, rief ich. »Jetzt wird erst mal aufgeräumt, ich kann so nicht mehr weiterleben.«

Überall lagen Brotkrümel und leere Wurstdosen herum, Senf klebte am Tisch. Auf Teller und Besteck hatten wir anscheinend verzichtet, lediglich ein Messer steckte in der Tischplatte.

Tatsächlich halfen alle mit, die Sauerei zu beseitigen. Sie waren zu betrunken, um sich zu wehren.

Und schließlich hofften sie alle, ich hätte die Bierflaschen nicht gesehen. Als Breiti sie klammheimlich einsammelte und ins Waschbecken leeren wollte, trat ich in Aktion.

»Halt!«, brüllte ich und alle zuckten zusammen. Sie wussten, was die Stunde geschlagen hatte.

Schon vor einiger Zeit hatte ich Chicos uralten Brauch übernommen. Ich hatte einmal bei ihm übernachtet und er hatte mich am Morgen gezwungen, das in der Nacht noch völlig unnötig geöffnete Bier auszutrinken. Diese Absage an die Dekadenz hatte mich schwer beeindruckt.

»Ach Cattle, hör auf«, jammerte Hulge, »ich kann doch jetzt kein lauwarmes Bürgerbräu trinken.«

»Doch, das kannst du«, antwortete ich, »du konntest es ja auch heute Nacht noch öffnen.« Chico wäre sehr stolz auf mich gewesen.

So saßen wir zusammen, nippten an unseren nahezu vollen Bieren, und ich erzählte von meinem Plan, in naher Zukunft eine Familie zu gründen. Auch wenn ich noch nicht wusste mit wem.

Das belustigte alle so sehr, dass wir schnell unseren Kater vergaßen und weitere Flaschen öffneten. Wir tranken sie auch gleich aus, weil wir keine Lust hatten, sie am nächsten Morgen auszutrinken.

Irgendwann am späten Nachmittag fragte Murphy: »Was machen wir heute?«

»Keine Ahnung«, sagte Klafke, »aber wir nehmen auf jeden Fall deinen Teddy mit, Cattle, der muss auch mal raus.«

Mein Teddybär war sehr groß, ich hatte ihn auf einem Volksfest gewonnen.

»Sehr gute Idee«, antwortete ich, »aber er ist ganz nackt. Ziehen wir ihm doch eine Jeansjacke und eine Jeanshose an.«

Es war kühl draußen. Man konnte schon merken, dass ich langsam vernünftiger wurde.

Also fuhren wir ein paar Stunden später frisch geduscht mit Murphys GTI nach Würzburg, der Teddy saß zwischen uns auf der Rückbank.

Vor dem »Green Goose«, einer amerikanischen Diskothek, trafen wir uns mit 20 weiteren Freunden. Aus unseren Autos klang laute Heavy-Metal-Musik, wir trugen Cowboystiefel und Klafke sogar ein weißes Unterhemd. Trotz unseres Erscheinungsbildes führten wir echt intellektuelle Gespräche.

Na gut, das stimmt nicht ganz, aber wir hatten Spaß. Die anderen ein bisschen mehr als ich, schließlich steckte ich mit gerade mal 20 schon mitten in der Midlife-Crisis.

Während meine Freunde kleine Schnapsfläschchen in sich reinschütteten, trank ich lediglich Bier. Das war einfach erwachsener.

Als ich keinen Sinn mehr darin sah, mich grundlos zu betrinken, machte ich einen Vorschlag. Ich weiß bis heute nicht warum.

Jedenfalls sagte ich: »Auf, wir ziehen dem Bären noch diesen Motorradhelm hier über den Kopf, nehmen dieses Seil, hängen ihn an das Gerüst an dieser Kirche gegenüber und täuschen seinen Suizid vor. Die Passanten werden sich ganz schön erschrecken.«

»Geile Idee«, kommentierte Hulge, »du machst dir echt viele Gedanken, seit du spießig geworden bist.«

Durch den Helm knickte der Kopf authentisch zur Seite, durch die Jeans, die von seinen Füßen baumelte, war der Bär ungefähr 1,80 Meter groß.

Scheinbar unbeteiligt stellten wir uns auf die andere Straßenseite und beobachteten die vorbeikommenden Fußgänger.

Unglaublicherweise gingen mindestens zehn Leute an ihm vorbei, obwohl er nur knapp über dem Boden baumelte, schoben ihn sogar kopfschüttelnd zur Seite, aber kein einziger erschrak.

Wir wollten die Aktion schon abblasen, als aus dem Nichts eine Gruppe von 15 Japanern auftauchte. Auch sie erschraken nicht, zückten aber ihre Fotoapparate und schossen an die 40 000 Bilder. Noch heute rätseln wir, was die Urlauber wohl ihren Lieben zu Hause beim Dia-Abend zu dieser Sehenswürdigkeit erzählt und wie diese wohl reagiert haben.

Dann hatte Klafke, immer schon auf Völkerverständigung bedacht, einen schönen Einfall.

»Hopp, denen müssen wir was bieten! Breiti und Murphy, ihr holt das Auto, der Cattle und ich, wir steigen aufs Gerüst, und wenn ihr an den Zebrastreifen hinfahrt, werfen wir den Bär vors Auto. Alle denken dann, es wäre ein Unfall!«

Ja, dachte ich sofort, das klingt vernünftig, das machen wir.

Zwei Minuten später fuhren Murphy und Breiti mit hoher Geschwindigkeit vor, wir warfen den Teddy vom Gerüst, der Helm knallte genau ans Vorderrad, es tat einen Riesenschlag, und der Bär lag am Ende noch mit Helm auf dem Kopf quer über dem Zebrastreifen.

Unsere 20 alten unterfränkischen und die 15 neuen japanischen Freunde kreischten alle durcheinander und machten auf hektische Betriebsamkeit. Man rief um Hilfe, die ersten plädierten für eine Mund-zu-Mund-Beatmung.

Ich musste sehr lachen, bis ich die beiden amerikanischen Türsteher des »Green Goose« sah. Besser gesagt sah ich eigentlich nur noch das blanke Entsetzen in ihren Augen, während sie auf uns zu sprinteten.

Mir war klar, dass sie uns halb totschlagen würden, wenn sie den Grund für ihre Panik erführen.

Ich hatte wirklich Angst und mir kamen zum ersten Mal leichte Zweifel, ob ich denn mental schon bereit für die Ehe wäre.

Zumindest meine Angst vor den beiden GIs war unbegründet, denn nachdem die zwei Muskelberge den Bären erkannt hatten, brüllten sie vor Lachen und begannen sogleich eine Herz-Druck-Massage.

Dann nahmen sie meinen Teddy unter ihre Arme und trugen ihn Richtung Diskothek.

Hey, dachte ich, das sind meine Jeansjacke und meine Jeanshose. Auch den Teddy wollte ich einmal meinen Kindern vermachen. Am Eingang hatte ich sie eingeholt und schnappte mir den Bären. Sie protestierten nicht, ich muss sehr erwachsen aufgetreten sein. Ich hatte mich gerade umgedreht, als hinter mir jemand verkündete: »They've called the ambulance!«

Ui, schnell weg, dachte ich, welche Frau will schon einen Mann mit Vorstrafen, und rannte zurück zu den anderen. Ich hoffte, dass der GTI noch lief.

Mitten auf der Kreuzung hielten mich zwei Männer am Oberarm fest.

»Zivilpolizei, kommen Sie bitte mit!«

»Jaja klar«, sagte ich leicht dümmlich, »ihr verarscht mich.«

Ich glaubte ihnen spätestens, als sie unsere Personalien aufnahmen.

Sie erzählten uns, dass sie uns schon geraume Zeit beobachtet hatten, und ließen durchklingen, dass sie uns witzig fanden. Etwas kindisch, aber witzig. Es tat mir weh, als sie »kindisch« sagten.

»Wir sehen von einer Anzeige ab, aber betet zu Gott, dass der Krankenwagen nicht kommt, das würde nämlich 500 Mark kosten. Ich hoffe, wir konnten ihn noch rechtzeitig abbestellen.«

Und der Krankenwagen kam nicht. Das heißt, er kam nicht alleine. Er wurde eskortiert von drei Streifenwagen, allesamt mit Blaulicht und Sirene.

»Kostet ein Streifenwagen auch 500 Euro?«, fragte Breiti. »Oder sind die im Paket günstiger?«

Ein paar Wochen zitterten wir. Keiner wollte zu Hause erzählen, warum wir aller Voraussicht nach 2000 Mark zu zahlen haben würden.

Glücklicherweise kam nie eine Rechnung.

So konnte ich jede Menge Geld sparen, um eine Familie zu gründen.

Früher war nicht alles schlechter

Sommer 2015:
Wir sind zum Grillen eingeladen. Und ja, ich freue mich auch. Aber es ist kein Jungs-, sondern ein Familiengrillen. Bestimmt sind auch Frauen dabei. Ich mag Frauen, aber irgendwie haben sie das Grillen in seiner lässigen Art zerstört.

Sie legen das Hühnchen zwei Tage vorher in eine Ingwer-Orangen-Marinade. Auf diese Idee musst du 48 Stunden vor dem Essen erst einmal kommen. Dann packen sie Paddies aus Seelachs auf den Burger, umschmeichelt von einer Koriander-Limetten-Mayo und einem Hauch von Kapern.

Allein für den Salat brauchen bis zu vier Frauen eine halbe Stunde. Erst dann darf Grillfleisch aufgelegt werden. Dieses soll zeitgleich mit den Rosmarin-Kartoffeln aus dem Ofen fertig sein.

Man möge mich nicht falsch verstehen. Diese Sachen schmecken fast ausnahmslos weltklasse, aber von der Reinheit und der Würde des Grillens ist relativ wenig übrig geblieben.

Sommer 1977:
Wir sind bei Tante Irene und Onkel Paul eingeladen. Ich freue mich wie ein kleines Kind auf das Grillen. Klar, ich bin ja auch zarte sieben Jahre alt. Aber ich weiß auch schon, dass Grillen etwas Besonderes ist.

Sonntags gibt es bei uns sonst immer Braten mit Sauce und Nudeln.

Und jedes Mal läuft es gleich ab: Die Nudeln werden naturgemäß relativ schnell kalt und ich mag sie dann nicht mehr essen. Ich hasse kalte Nudeln und bringe sie einfach nicht hinunter, jedenfalls nicht dauerhaft.

Mein Vater sagt dann immer: »Wenn du den Teller nicht leer isst, gehst du sofort ins Bett!«

Um 12 Uhr mittags!

Oftmals werfe ich an Sonntagen nur kurz einen Blick auf den Esstisch, sehe die Nudeln und kapituliere.

»Ich geh gleich ins Bett!«, murmle ich dann.

Auch weil ich weiß, dass mich meine Mutter spätestens eine halbe Stunde später wieder aus dem Exil holt, ich etwas zu essen bekomme und dann *Rappelkiste* und *Lassie* anschauen darf.

Punkt 15:45 Uhr wird mir mein Vater am Sportplatz zähneknirschend eine Bratwurst in die Hand drücken. Als Kind sitzt man fast immer am längeren Hebel.

Heute ist das nicht von Belang, wir spazieren zu Irene und Paul. Es ist heiß und aus allen Gärten steigt Rauch auf.

Es riecht herrlich. Nach Holzkohle und Fleisch, überhaupt nicht nach Ingwer.

Paul hat die Tischtennisplatte aufgebaut. Ich nötige meinen Vater, mit mir zu spielen. Mittlerweile weiß ich, wie groß das Opfer ist, mit einem Kind Tischtennis zu spielen. Alle vier Sekunden muss man sich bücken und den Ball aufheben. Das Kind lacht derweil.

Dann bekomme ich eine Cola. Nur hier bei Irene gibt es Cola für mich. Coca-Cola aus durchsichtigen Glasflaschen mit weißem Aufdruck. Mit Wehmut denke ich heute an sie zurück. Ich bin mir sicher, dass damals durch das schöne Design der Flaschen auch der Inhalt besser schmeckte.

Und dann … verteilt Paul das Grillgut.

Die Auswahl ist sehr übersichtlich, man kann blind wählen. In jedem Garten in Rimpar werden Bratwürste, Bauchspitzen und Steaks gereicht. Wahlweise eingekauft in den Metzgereien Erk oder Hollerbach. Ja, selbst heute gibt es in Franken noch überall Metzgereien, die selbst schlachten. Und Bäckereien, die ihr Brot selbst backen.

Ich esse wie immer eine Bratwurst, eine Bauchspitze und ein halbes Steak.

Meine Eltern zwingen mich, etwas Salat zu essen. Der Salat ist im Jahre 1977 definitiv nicht besser als im Jahre 2015. Essig, Öl und jede Menge Zwiebeln.

Ich würge zwei Blätter runter und bin froh, einmal an einem Sonntag um diese Zeit nicht mein Zimmer abdunkeln zu müssen.

Sommer 2015:
»Magst du auch etwas vom Pinienkern-Basilikum-Dressing? Oder lieber das mit Reisweinessig und Pastinaken?« Keine leichte Wahl.

»Nein, Caro, ich musste gerade an früher denken. Vielleicht nehme ich nur eine Bratwurst in der Semmel mit Senf.«

Die Gastgeberin schaut mich strafend an.

Dann greift sie nach ihrem Hugo mit extra viel Minze und einem Schuss Mineralwasser und braust ab.

Ihr Mann Robert hat auch einen Hugo in der Hand. Mit weniger Minze, dafür mit etwas Himbeersirup. Das mit dem

Himbeersirup habe er zufällig ausprobiert, aber es schmecke total lecker, sagt er.

Auch er schaut mich strafend an.

Sommer 1977:
Es gibt zwei Getränke für die Erwachsenen. Bier oder Cola-Asbach. Zwei grundehrliche Getränke. Ich nehme mir vor, sie mein Leben lang zu glorifizieren. Lediglich die Gläser erscheinen mir schon als Kind zu klein.

Notiz an mich selbst: Mit 18 in der Kneipe unbedingt einmal einen Cola-Asbach-Stiefel bestellen.

Sommer 2015:
Nach meiner Bratwurst esse ich einen Burger mit Gorgonzola. Schmeckt geil, zugegeben. Ich schäme mich, weil ich es zugebe.

Mein Sohn Tom kommt ums Eck und fragt nach einem gegrillten Wammerl, also einer Bauchspitze. Geiler Typ!

Meine Tochter Luzie will zwei Würstchen in der Semmel.

»Zwaa en an Weggla«, wie der Nürnberger sagt.

Anscheinend habe ich bei der Erziehung doch nicht alles falsch gemacht. Obgleich diese Uli-Hoeneß-Fabrikwürstchen bei Weitem nicht an die grobe Bratwurst vom Metzger Hollerbach rankommen.

Sommer 1977:
Nach einer Viertelstunde intensiver Nahrungsaufnahme bekommt keiner mehr auch nur einen Fetzen Fleisch in den Körper.

Blacky, Irenes Pudel, freut sich wie ein kleiner Hund.

Mein Vater trinkt noch einen Asbach pur, weil »das Conjäckchen das wärmste Jäckchen ist«, dann grinsen alle selig.

Sommer 2015:
»So, als Digestif hätte ich noch einen Ramazzotti oder Averna …« Sie macht eine kleine Pause. »… oder einen Single Malt aus einer ganz kleinen Distillerie nahe Edinburgh«, ruft Caro so, dass es auch alle Nachbarn hören können. Besonders laut intoniert sie »Digestif« und »Edinburgh«. Der fremdsprachliche Zweig und die Auslandsaufenthalte zahlen sich jetzt aus.

Ihr Mann »würde jetzt sterben für einen Single Malt«, weil man »bei jedem Schluck das Holzfass schmecken kann, in dem er jahrelang gelagert wurde«.

Hm, lecker, Holzfass, denke ich, als ich mein mitgebrachtes Pils öffne.

Ich bin wohl mit meinen Gedanken nicht alleine, denn nach ein paar Minuten stehen circa zehn Männer um den Grill und teilen sich die Biere aus meinem Rucksack. Auch die eine oder andere Frau gesellt sich zu uns, riskiert aber Freundschaften.

Wir machen im Grill ein Lagerfeuer und verabreden uns heimlich für den Abend zum Flutlichtspiel des SC Gröbenzell. Auf dem Dorfsportplatz gibt es sie noch immer, die Stadionwurst. Und in jedem Vereinsheim steht irgendwo im Regal ein Stiefel, der nur darauf wartet, am Tresen mit Cola und Asbach und Eis gefüllt zu werden. Kann er haben.

Sommer 1977:
Mein Vater, Onkel Paul und ich gehen zum Sportplatz. Es riecht nach Bier und Sieg und Sensation. Und nach Bratwurst.

Sommer 2015:
Detti, Breiti und ich gehen zum Sportplatz. Es riecht nach Bier und Sieg und Sensation. Und nach Bratwurst.

Haben Sie gut hergefunden?

Heute ist mein erster Tag im Büro. Nach 17 Jahren im Verkauf brauchte ich Abwechslung. In derselben Firma zwar, aber man kann ja nicht auf einen Schlag gleich alles verändern. Noch dazu ist die Stelle auf ein Jahr befristet, was soll da passieren?

»Na, Herr Keidel, haben Sie gut hergefunden?«, fragt meine Chefin.

Das geht ja gut los! Ja, habe ich, schließlich war ich schon 120 Mal hier. Aber bei den ersten 80 bis 90 Besuchen hatte ich große Schwierigkeiten. Danke der Nachfrage.

Dann stecken sie mich zu Franca ins Büro. Ich kenne sie bereits seit der Ausbildung. In der Berufsschule war ich ganz gut und Franca noch nicht so unterlegen. Sie ist mittlerweile EDV-Profi.

Ich merke es zum ersten Mal, als sie mir hilft, den Rechner einzuschalten. Sie drückt sofort den richtigen Knopf. Beeindruckend.

Meine Kenntnisse beschränken sich bislang auf ein wenig Word und Pokerstars.de. Mal sehen, ob mir das hilft.

»Haben Sie gut hergefunden?«

Ich zucke zusammen, aber die Dame aus der Personalabteilung begrüßt nur eine Bewerberin auf dem Flur.

»Hi Volker«, begrüßt mich dann doch eine Kollegin, »kannst du mir etwas von meinen To-dos abnehmen? Ich hab noch einige Projekte in der Pipeline und kann mir hierfür kein Zeitfenster freischaufeln. Morgen ist Deadline und unsere Timeline ist so tight getaktet, ich geh unter im Overflow.«

Wow! Pipeline, Deadline und Timeline in einem Atemzug! Ich bin abermals beeindruckt.

»Ja«, antworte ich, obwohl ich nicht weiß, was sie von mir will. Eine Nachfrage würde mir wahrscheinlich ähnlich viel bringen wie damals, als ich als Pizzakurier in Barcelona jobbte. Nur mit rudimentären Sprachkenntnissen aus einem CD-Anfängerkurs konnte ich zwar Einheimische nach dem Weg zur Lieferadresse fragen, verstand aber niemals die Antwort. Viele Menschen mussten ihre Pizza seinerzeit kalt essen.

Heute soll ich letztlich nur Buchcover in eine Excel-Liste kopieren. Das bekomme ich hin. Nachdem es mir Franca erklärt hat.

Ich versuche, mir immer von unterschiedlichen Leuten helfen zu lassen. Zum Glück hat Franca eine Süßigkeitenschublade in unserem Büro eingerichtet. So kommt jeweils im Viertelstundentakt eine Kollegin vorbei und holt sich Schokolade. Beim Smalltalk lasse ich immer unauffällig eine Computerfrage einfließen. Bei schwierigen Fällen hole ich den Mädels auch gerne einen Kaffee oder ein Wasser.

Weil man die Kollegen auch mal pampern muss, wenn man immer Hilfe braucht. Der Tipp meines Büronachbarn. Erst habe ich »pimpern« verstanden, was mir aber etwas übertrieben erschien.

Nach dem ersten Tag bin ich komplett fertig. Entschleunigen geht anders. Ich frage mich, in welchem Büro man wohl ein Sabbatical beantragen kann.

Am nächsten Tag zeige ich, was ich schon gelernt habe.

Ich sage oft »Mahlzeit« und frage Bewerber, ob sie gut hergefunden haben. Damit sie schon vorbereitet sind, wenn sie von den richtigen Leuten abgeholt werden.

Meine Chefin hat wenig Zeit für mich. Glaube ich jedenfalls, denn sie ist heute back-to-back in Conf-Calls.

Aber um exakt 4 Uhr 22 hat sie mir noch eine Mail geschrieben, in der sie mir Anweisungen für das Erstellen einer PowerPoint-Präsentation gibt. Und – schreibt sie am Ende der Nachricht – »bei Fragen fragen«.

PowerPoint … hab ich schon mal gehört. Und gesehen. Immer wenn ich in meinem Leben eine PowerPoint-Präsentation gesehen habe, habe ich gehofft, nie eine machen zu müssen. Und jetzt hab ich den Salat.

Ich rufe einmal »Mahlzeit!« quer über den Flur, dann mache ich mich ans Werk.

Auch heute muss ich wieder einige Kolleginnen pampern, um voranzukommen.

Am Nachmittag schreibe ich unter Strom eine Bei-Fragen-fragen-Mail. Ich frage, ob die Präsentation heute noch fertig werden muss. 20 Sekunden später kommt die Antwort: »Nein, nicht nötig. Reicht mir bis morgen 9:30 Uhr. Asap ;)«.

Ich muss lachen, aber nach fünf Minuten ohne weitere Nachricht dünkt mir, dass sie es ernst meint.

»Tja«, sagt Franca, »dann musst du wohl afterworken. Auf Befindlichkeiten können wir keine Rücksicht nehmen, wenn wir Quick Wins wollen. Diese Extrameilen müssen wir gehen.«

Wir prusten beide los. Franca ist schon zwei Wochen länger hier als ich. Sie ist nicht nur am PC bärenstark, auch diese fiese neue Sprache beherrscht sie anscheinend schon fließend.

Afterworken habe ich verstanden. Da war ich schon als Student stark. Als Franca meine Freude registriert, erklärt sie mir kurz den Unterschied zu einer Afterwork-Party und macht Feierabend.

Ich dagegen bleibe bis 20 Uhr. Besonders die Zeit zwischen 18 und 20 Uhr ist hart. Alle Kollegen sind weg, ich kann niemanden etwas fragen.

Irgendwann schaffe ich es nicht mehr, weitere Lösungen zu generieren. Ich hoffe, mit der Präsentation schon im grünen Bereich zu sein. Für den nächsten Morgen haben wir uns für 9 Uhr verabredet, die Geschäftspartner treffen erst um 10 Uhr ein. Zeit genug also, um den Vortrag noch in Nuancen anzupassen.

Ich bin sehr stolz, an meinem zweiten Bürotag schon eine PowerPoint-Präsentation gebastelt zu haben.

Bis 9:04 Uhr hält sich mein Stolz. Meine Chefin unterstreicht erst, dass sie »ganz bei mir« ist, dann kann sie sich »ein Stück weit mit meiner Ausführung identifizieren.« Um 9:04 Uhr ist sie erstaunt über meine Vorgehensweise, dann soll ich sie irgendwo abholen.

Blöd ist, dass ich nicht weiß wo.

Sie übernimmt kurz das Zepter, weil wir das Ganze differenzierter betrachten und eine klare Botschaft vermitteln müssen. Und ganz dringend brauchen wir eine Back-up-Lösung.

»Heißt das in etwa, dass wir mit meiner Lösung gnadenlos den Bach runtergehen würden?«, frage ich nach.

»Das möchte ich nicht sagen«, antwortet meine Chefin, »aber ich müsste es. Hören Sie, Herr Keidel, ich gehe jetzt eine rauchen, dann sehen wir weiter.«

Fünf Minuten später entschuldigt sie sich, mich nicht

ausreichend gebrieft zu haben, und zaubert in einer Viertelstunde eine Präsentation vom Feinsten aus dem Ärmel. Einige Wörter übernimmt sie netterweise von mir. Am Ende sogar einen ganzen Satz: »Vielen Dank für Ihre Aufmerksamkeit!«

»Herr Keidel«, sagt sie, »denken Sie das nächste Mal etwas mehr Out-of-the-Box, etwas mehr brasilianisch.«

»Ja, genau«, sage ich und denke an das 1:7 im WM-Halbfinale. Gute Idee!

Vielleicht war ich einfach noch nicht so weit. Vielleicht sollte man den Praktikanten aus der Filiale am zweiten Tag noch nicht so fordern. Vielleicht sollte ich das Ganze nach oben eskalieren lassen. Am Ende des Tages!

Ich weiß aber selbst, dass ich noch Luft nach oben habe.

Das Meeting läuft gut. Es wird geklärt, wer denn da den Hut aufhabe. Und dass de facto ein dickes Brett gebohrt werden müsse, um die Conversion-Rate zu steigern. Möglichst kostenneutral und zeitnah. Unsere Kunden seien nun mal die High Potentials und wir ihre Wegweiser. Mit Quick Wins brauchten wir nicht zu rechnen, aber die seien auch nicht kriegsentscheidend.

Auch ich bringe mich ein.

»Darf ich Ihnen noch etwas bringen? Kaffee? Wasser?«

Am zweiten Abend bin ich noch erschöpfter als am ersten. Ich schlafe schnell ein und träume viel. Von Büromenschen, die komische Sachen sagen. Alle 30 Sekunden sage ich abwechselnd »Mahlzeit!« und »Das kann ich mir nicht merken, schick mir am besten 'ne Mail«.

Am dritten Tag haben wir Jour fixe. Ich bin angenehm überrascht, dass wir schon nach einer Stunde fertig sind.

Auf dem Weg zum Büro treffe ich die Regionalleiterin.

»Ah, Herr Keidel! Eigentlich wollten wir unsere Prozesse ja verschlanken. Aber das wird schwer, wenn ich Sie so anschaue. Wie Sie wohl am Ende des Jahres aussehen werden, wenn Sie nur im Büro rumsitzen?«

Eigentlich ist diese Ansprache ein No-Go, aber wenigstens habe ich alles verstanden.

»Mahlzeit!«, sage ich und gehe zum Bäcker. Essen kann ich, da mache ich nichts falsch. Da liegt meine Kernkompetenz. Höchste Prio sozusagen!

Auch am Freitag kann ich noch einmal auftrumpfen. Casual Friday, ich wähle ein HSV-Trikot mit Kragen aus. Die Kollegen beglückwünschen mich, dass ich es geschafft habe, sogar am Casual Friday underdressed zu sein.

Franca und ich zahlen unseren Einstand, es gibt Weißbier, Weißwürste und Brezn. Es gelingt uns, das Get-together um 11 Uhr beginnen zu lassen, da Weißwürste um 12 Uhr gegessen sein müssen, und bis 15 Uhr in die Länge zu ziehen.

Dann folgt der schönste Augenblick der Woche. Unsere Abteilung arbeitet als einzige nur bis 15 Uhr, alle anderen bis 17 Uhr.

Ich wünsche angetrunken allen einzeln ein schönes Wochenende und freue mich sehr über ihre angewiderten Gesichter.

Trotzdem bin ich nicht sicher, ob ich am Montag wieder herfinden werde.

Endlich Profi

»Einen Traumjob hast du da als Buchhändler!«, sagen sie immer alle. »Den ganzen Tag von Büchern umgeben, das stelle ich mir so toll vor.«

Wenn ich dann noch sage, dass mir die Verlage regelmäßig Freiexemplare zuschicken, wollen mich die meisten heiraten.

Und tatsächlich, sie haben recht, es ist – außer vom Verdienst her – ein sehr schöner Beruf.

Der Wechsel aus der Filiale in die Zentrale hat mir dennoch gutgetan. Ich brauchte eine Pause von den Kunden, die vorzugsweise nach der nächsten Toilette oder dem neuesten Goethe fragen und 99-Cent-Beträge mit der Karte zahlen.

Da kam mir die Stellenausschreibung aus der Hugendubel-Zentrale gerade recht. Sortimentsmanagement, genau mein Ding! Was auch immer das sein sollte.

Beim Vorstellungsgespräch überzeugte ich auf der ganzen Linie, vielleicht war ich aber auch der einzige Bewerber. Oder meine Chefs wollten den Kunden eine Verschnaufpause von mir gönnen. Jedenfalls bekam ich den Job.

Nach einigen Tagen verstand ich bereits die lustige Sprache in den Büros und die ersten Dinge am Rechner, also traute man mir etwas mehr zu und stellte mich vor die erste größere Aufgabe.

Ich sollte neue Titel aus dem Bereich »Bewusster Leben« ins System einpflegen. Für meine Kollegin, die im Urlaub war. An ihrem Rechner.

Die Abteilung »Bewusster Leben« umfasst Warengruppen wie Gesundheit, Religion, Philosophie, Entspannung & Spiritualität, Familie & Kind und Psychologie.

Keine Spur von Fußball, ungesunder Ernährung und Glücksspiel.

Na ja, wenigstens war auch Sex dabei – im Bereich Familie, was mich wunderte.

Ich hatte großen Spaß und freute mich über Titel wie »Werde ein geschmeidiger Leopard« und »Sexualität im Alter – ist das noch normal?«

Ab und zu suchte ich die Titel bei Amazon, um den Verkaufsrang des Buches zu checken. Und natürlich nicht, um mir vom Cover des Buches »Der perfekte Liebhaber« den Gesichtsausdruck dieses Ausnahmevöglers abzuschauen. Nein, ich hatte ausschließlich professionelle Gründe. Obwohl auch das eine oder andere schöne Cover dabei war.

Um den Puls wieder etwas zu senken, wechselte ich schnell zu den Büchern aus dem Bereich Religion und sah mir das Gesicht von Margot Käßmann an.

Stunden später wurde ich für meinen Voyeurismus bestraft. Ich suchte irgendetwas – nein, kein Sexbuch! – auf Amazon und scrollte nach unten. Bis ich auf die zuletzt angesehenen und empfohlenen Artikel stieß.

Zuerst schmunzelte ich, dann wurde mir klar, dass ich gerade nicht an meinem eigenen Computer saß. Auf einen Schlag wurde mir heiß und schlecht.

Ich blickte auf sechs Sexbuch-Empfehlungen. Ich schwöre, ich hatte mir keines davon angesehen. Sie trugen

Titel wie »Mach mich geil!« und »Hart und feucht«. Und siehe da, juhu, zwei Selbstbefriedigungsklassiker waren auch dabei.

Eines hieß »Touch yourself«, das andere »Onanieren für Profis: Der Ratgeber für Männer, von dem die Welt spricht«.

Auf dem Cover prangte ein äußerst hässlicher Mann, der sich Gurte und Ketten angelegt hatte und auf Knien mit der rechten Hand ... na, was wohl? Glücklicherweise verdeckt der Buchtitel diese Stelle, ich war dennoch kurz vorm Losheulen.

Dann las ich die Beschreibung des Buches: »›Onanieren für Profis‹ ist DAS Grundlagenwerk zur männlichen Selbstbefriedigung. Sparen Sie das Geld für 1000 Dates oder Bordellbesuche – kaufen Sie dieses Buch! Wird oft zusammen gekauft mit ›Das Penis Buch‹.«

O Gott, das Buch musste aus dieser Empfehlungsliste raus. Was würde meine Kollegin sonst denken? Ich weiß es, wahrscheinlich: »Der Keidel, die Drecksau!«

Hektisch hackte ich den ersten Suchbegriff ein, der mir einfiel: »HSV«. Nach zwanzig Minuten hatte es ein HSV-Buch in die Vorschlagsliste geschafft. Hm, Fußball und Sex, das ist beides zu männerlastig, ich musste andere Geschütze auffahren.

Harry Potter, genau, und Donald Duck.

Auch »Süße knuddelige Zwergkaninchen« gab ich ein, um die verdorbenen Amazonschweine auf andere Gedanken zu bringen, löschte es aber gleich wieder.

Zu groß war die Angst, sie würden mir einen Sodomie-Ratgeber anbieten.

Eine weitere Stunde später hatte ich es endgültig geschafft, Amazon auszutricksen und meine Spuren zu verwischen. Alle Sexbücher waren verschwunden. Fast. Alle bis auf »Onanieren für Profis«. Immerhin, es hat vier von fünf Sternen. Ein Rezensent gibt an, dass ihm vor allem das Kapitel »Blowjob mit zwei Händen« gut gefallen habe. Wie das wohl geht? Nein, ich will es doch nicht wissen.

Meine Gedanken schweiften weiter ab. Was soll dieser Titel überhaupt? Heißt das in der Schlussfolgerung, dass es Typen gibt, die hauptberuflich Onanierer sind? Ich stelle mir das unangenehm vor, wenn das Kind in der Schule nach dem Beruf des Vaters gefragt wird. Es ploppten weitere Fragen auf: Wie kommt man zu diesem Beruf? Wurden sie auf dem Arbeitsamt vielleicht gefragt, was sie besonders gut können?

»Hm, sehr gut kann ich rauchen, saufen und an mir rumspielen.«

»Ah, ich glaube, da hab ich was für Sie! Onanierer.«

»O ja, das hört sich spitze an. Darf man da auch mal richtig ran?«

»Hallo, habe ich Onanierer gesagt oder was von Geschlechtsverkehr erzählt?!«

»Entschuldigung. Egal, trotzdem ein toller Job!«

Des Weiteren stellte ich mir den ersten Tag in der Berufsschule vor: »Guten Morgen, liebe Schüler! Zuerst holen wir alle zusammen mal unser Glied heraus.«

Irgendwann wollte ich mir nichts mehr vorstellen.

Ich kapitulierte. Ich würde aus der Nummer eh nicht mehr rauskommen. Ich musste mit meiner Kollegin reden. Ihr sagen, dass ich mich einfach im Bereich Masturbation noch verbessern muss. Ich komme mir da oft amateurhaft vor. Ich kann mir noch nicht mal mit beiden Händen einen blasen. Vielleicht geht es ja in Deutschland vielen Menschen so.

Ich habe so lange nach diesem Buch gesucht, würde ich sagen, lass es uns ins Sortiment aufnehmen.

Und wir platzieren es doppelt. Einmal stellen wir es zum Sex, einmal zu den Büchern zur Berufswahl.

Fred

Nicht jeder Mann ist einfach gestrickt und faul und will ein gemütliches Leben. Es gibt Ausreißer. Einer davon ist Fred.

Steve, den ich schon aus Würzburg kannte, hatte mich bereits vor dem Einzug in die WG am Rotkreuzplatz auf Fred vorbereitet.

»Du wirst Fred am Anfang vielleicht komisch finden. Er ist anders als die anderen, aber herzensgut; und spätestens nach zwei Wochen wirst du ihn genauso lieben wie ich. Er ist das Urgestein und das Herz der WG.«

Also überraschte es mich auch nicht, dass Fred mich kurz nach der Begrüßung zum Kühlschrank führte und mir erklärte, ich könne alles von ihm essen, jedoch nie die Lebensmittel mit dem grünen Klebepunkt. Soweit auch nicht wirklich außergewöhnlich.

»Geht klar, Fred«, beruhigte ich ihn.

Ich setzte mich an den Küchentisch und Fred drückte mir einen Stapel Fotos in die Hand. Steve zog sich auf sein Zimmer zurück.

»Du musst jetzt das schlechteste Foto aussuchen«, forderte mich Fred äußerst engagiert auf.

»Kein Problem«, log ich, denn die Aufnahmen waren zum einen von einer unfassbar schlechten Bildqualität, zum anderen waren die Motive unfassbar langweilig.

Letztendlich zog ich nach intensiver Suche wahllos ein Foto heraus und gab es ihm.

»Das hätte ich auch genommen«, lobte mich Fred und legte das Bild auf den Tisch.

»Da bleibt es jetzt eine Woche liegen. Wenn es dann noch keiner weggenommen hat, stecke ich es an die Pinnwand, ohne es zu pinnen. Ist es nach einer weiteren Woche noch da, pinne ich es für eine Woche an die Pinnwand, danach werfe ich es weg.«

»Alles klar, Fred«, sagte ich freundlich und sprintete in Steves Zimmer, um ihm von meinem merkwürdigen Erlebnis zu erzählen.

Kaum hatte das Wort »Foto« meine Lippen verlassen, öffnete Steve teilnahmslos eine Schublade und gewährte mir einen Blick auf die Verliererfotos der letzten 27 Wochen. Steve hatte vor, alle Bilder zu sammeln und Fred in einigen Jahren mit einer Vernissage zu überraschen.

»Gute Idee«, sagte ich und suchte nach der *SZ*, um die Wohnungsanzeigen zu sondieren.

Mein Befremden wich jedoch schnell einer gewissen Neugier. Ich wurde süchtig nach Freds Macken und wollte immer mehr davon kennenlernen.

Fred zelebrierte seine Spleens und bestach durch Konsequenz, positiv wie negativ.

Finanziell positiv wirkte sich für Steve und mich aus, dass Fred nach einem selbst entwickelten System Bierkisten anschleppte. Im Januar eine Kiste, im Februar zwei, im März drei. Im August belud Fred seinen Polo bis unters Dach und lieferte acht Kisten. Ab September ging die Anzahl wieder zurück und im Dezember mussten wir mit vier Kisten auskommen.

Fred trank außerordentlich gerne und viel Bier, aber vor allem in den Sommermonaten war er doch auf unsere und die Hilfe weiterer Freunde angewiesen. Wir enttäuschten ihn nicht, im Sommer waren die Bude und wir immer voll.

Schlecht für uns war hingegen Freds Angewohnheit, die Heizung im Winter volle Pulle laufen zu lassen, sich aber vehement zu weigern, sein Fenster zu schließen.

Überall lag Schnee, nur vor Freds Fenster wucherten die Kiwis. Was zur Folge hatte, dass die Stadtwerke sich genötigt sahen, von uns eine Nachzahlung in Höhe von 4500 Mark zu verlangen. Steve und ich waren zwar auch nicht für den Energiesparer-Award nominiert, jedoch wussten wir, dass mindestens 4000 Mark auf die Kappe von Freds Plantage gingen.

»Dafür spare ich aber beim Licht«, wehrte sich Fred. Besonders zu seinem allabendlichen Vollbad stelle er sich immer Kerzen hin. Okay, das war ein Argument.

Da sich Fred nicht bereit erklärte, die komplette Rechnung zu übernehmen, holte ich mir ein weiteres Weißbier aus dem Kasten. Ich musste einfach viel mehr trinken.

Es war ein Bier aus einem B-Kasten. B-Kasten deshalb, weil Fred die Biersorten nach dem Alphabet einkaufte. Also quasi in der Reihenfolge Augustiner, Beck's und Clausthaler, wobei Clausthaler jetzt nur Spaß war.

Da Fred jede Sorte selbstverständlich nur ein Mal kaufte, wurde es von Jahr zu Jahr schwieriger, geeignete Biersorten zu finden.

»Am Samstag spielt der HSV in Stuttgart«, sagte Fred eines Tages, »habt ihr Bock? Ich muss da eh hin. In der Nähe gibt es einen Getränkemarkt mit einem C-Bier, das ich noch nicht kenne.«

»Au ja, Fred«, sagte ich, auch weil ich die Gelegenheit witterte, wieder ein paar Heizungskröten gutzumachen. Es würde Fahrbier geben und das Benzin war auch für umme, weil Fred einen Geschäftswagen hatte.

Fred war Kurierfahrer. Allerdings wohl nicht mehr lange, denn am Vortag hatte ich Fred belauscht, als er seinem Arbeitgeber erklärte, er würde etwas später kommen, weil er seine Hose nicht finden könne.

Ich hatte brutal Lust auf den Auswärtssupport. Steve, der normalerweise niemals ein Fußballspiel verpasst, sagte sofort ab. Als ich ihn fragend anschaute, flüsterte er mir zu, er sei schon einmal mit Fred gefahren und sehr froh, dass er noch am Leben sei. Ich lachte den Feigling aus und rief Dingo und Dirk an.

So machten sich am Samstagmorgen vier gut gelaunte junge Männer in Begleitung vieler Bierflaschen auf den Weg zum HSV und zum C-Kasten. Nüchtern fuhr Fred noch ganz anständig, die Autobahn hatte er gut im Griff. Obwohl uns da schon Freds Art, sein Fahrbier zu trinken, beunruhigte.

Er ließ seine Augen nicht wie jeder andere biertrinkende Autofahrer auf der Fahrbahn, sondern warf seinen Kopf nach hinten, klappte das Zäpfchen weg und schüttete mehrere Sekunden lang Bier in den Hals. Beck's oder Budweiser oder Bonifatius Bräu, ich weiß nicht mehr genau.

Später, nachdem Fred stolz 20 Christianus Doppelbock – 16 landeten im Kofferraum, vier in der Fahrgastzelle – eingekauft hatte, zeigte er auf der Landstraße sein ganzes fahrerisches Können.

Er fuhr und sprach gleichzeitig mit den Jungs auf der Rückbank. Dabei hatte er Anstand genug, ihnen direkt in die Augen zu schauen.

Dann überholte Fred einen Sattelschlepper-Konvoi an einer Stelle, an der ich nicht einmal einen Fahrradfahrer überholt hätte. Ich krallte mich am Türgriff fest, was mir einigermaßen schwerfiel, weil ich so schwitzte.

Dingo und Dirk sprachen nicht mehr, ich hörte sie nur leise wimmern.

Zurück auf der Autobahn fuhr Fred bei Tempo 150 so nahe zum Vordermann auf, dass ich dessen Augenfarbe in seinem Rückspiegel erkennen konnte.

Wie durch ein Wunder kamen wir tatsächlich im Stadion an. Um das mutmaßlich letzte Fußballspiel unseres Lebens anzuschauen. Denn wir mussten ja auch wieder mit Fred zurückfahren, der jetzt schon jenseits von Gut und Böse war.

Etwas Hoffnung keimte auf, weil nur alkoholfreies Bier ausgeschenkt wurde.

Der HSV verlor das Spiel und Fred einige Dezimalstellen seines Promillewertes.

Leider wollte Fred hinterher noch in einen Club. Wo wir ihm heimlich Clausthaler ins Bierglas schütteten.

Bevor Fred vor der Heimfahrt die Autotür öffnete, öffnete er den Kofferraum. Ach, da warteten ja noch die restlichen 16 Freunde.

»Ich brauche Zielwasser, ich bin nämlich nachtblind.« Fred grinste uns an.

Unglaublicherweise überlebten wir auch die Heimfahrt, um an der Haustüre von Steve empfangen zu werden.

»Na, gute Fahrt gehabt?«, hakte er nach und lachte sich über unsere blassen Gesichter kaputt.

Ich stieg nie mehr zu Fred ins Auto, aber genoss umso mehr unsere WG-Abende.

Eines Tages zeigte er mir zuerst ein Foto eines Baumes in der Sächsischen Schweiz, dann zeigte er mir das Bild eines Baumes auf einem Kalender.

Es war derselbe Baum. Fred hatte sich ins Auto gesetzt und war nach Sachsen gefahren, um das Motiv auf dem Kalender selbst zu fotografieren.

Ich war zutiefst beeindruckt und wäre gerne dabei gewesen – wenn er den Zug genommen hätte.

Fred zog irgendwann nach Oxford, dann nach Hamburg.

Wo er heute lebt, weiß ich nicht. Auch nicht, ob ich ihn jemals wiedersehen werde. Aber ich weiß, dass ich nie mehr einen so abgefahrenen Typen kennenlernen werde.

Fred, wo bist du? Ich vermisse dich sehr.

Graue Schatten

Rüdiger würde schon gerne wieder mal. Aber irgendwie findet ihn Kassandra nicht mehr so sexy.

Klar, er ist ja auch keine 20 mehr und hat sich in letzter Zeit etwas gehen lassen. Man könnte ihn vielleicht sogar als dick bezeichnen. Seine Stammtischkumpels tun dies jedenfalls gerne.

Seit 15 Jahren treffen sie sich jeden Mittwoch im Löwenbräukeller. Rüdiger trinkt immer sechs Bier.

Sechs Bier kosten mittlerweile 27 Euro. Was natürlich ein blöder Betrag ist, weil jeder erwartet, dass man 30 Euro gibt. Aber hallo, 3 Euro, das sind sechs Mark, dafür gab es früher drei Bier. Und bei sechs Bier drei Bier Trinkgeld zu geben? Irgendwo hört's auf.

Deshalb isst Rüdiger nach drei Bier immer eine Brezel. Damit kommt er auf 28,50 Euro, also auch 30 Euro. Rüdiger ist sehr stolz auf diesen Schachzug.

Mit sechs Bier intus hat er zu Hause dann natürlich Lust. Aber von »intus« zu »intim« ist es ein weiter Weg.

Klar riecht man den Alkohol, aber Rüdiger findet es schon übertrieben, dass ihm Kassandra im Bett immer demonstrativ den Rücken zuwendet.

Einmal, als er sie am nächsten Morgen darauf anspricht, meint sie, er solle sich etwas mehr anstrengen, wenn sie Lust auf ihn bekommen solle. Nüchtern natürlich.

Deshalb fährt Rüdiger in die Stadt und will sich etwas umschauen.

Mit Unterwäsche überzeugt er Kassandra bestimmt nicht, das kommt sogar Rüdiger zu billig vor.

Alleine in den Sexshop mag er auch nicht, da sollte Kassandra schon mitkommen. Ein Mann alleine im Sexshop wirkt unglaublich armselig, ein Mann mit einer Frau im Sexshop ist ein Held. Wenn Rüdiger Kassandra einmal dazu bringen kann, dass sie so einen Laden betritt, hat er quasi gewonnen.

Ihm wird ganz anders, wenn er sich das vorstellt. Wie sie sich zusammen Sexspielzeug anschauen und Reizwäsche anprobieren und vielleicht auch einmal für zehn Minuten in einer dieser Videokabinen verschwinden. Wenn man da überhaupt zu zweit rein darf.

Ui, jetzt ist er aber richtig hibbelig.

Zur Abkühlung schlendert er durch den Hugendubel am Stachus. Die Bücher beruhigen ihn, bei den Klassikern ist er fast schon wieder auf Normaltemperatur. Wobei, über die Titel »Schuld und Sühne« und »Ich habe den englischen König bedient« darf er nicht zu lange nachdenken.

Ein paar Schritte weiter fällt sein Blick auf das Buch »Pinguine haben nur zwei Mal Sex im Jahr«. Was heißt »nur«?, denkt er. Die Glücklichen.

Gerade als ihm die Idee kommt, sich bei den Büchern über Sex mal umzusehen – Tantra und erotische Massage, irgendwas in der Richtung –, läuft er an der »Shades of Grey«-Sonderpräsentation vorbei.

»Yes!«, entfährt es ihm. Von diesem Buch und dem Film spricht die ganze Welt. Das wird der Schlüssel sein. Auch Kassandra hat es gelesen und ihm hinterher gesagt, dass er sich etwas anderes einfallen lassen solle, als ihr immer plump an die Brüste zu fassen.

Gut, dann wird er eben das Buch kaufen und lesen, hinterher alles Notwendige einkaufen, mit Kassandra in den Film gehen, dann nach Hause, ins Bett, Augen verbinden, und los geht's.

Rüdiger setzt sich sofort in die Leseinsel und schlägt das Buch auf. Er blättert es durch und versucht, eine der gewissen Stellen zu finden.

»Du siehst besser aus als heute Morgen. Hast du die Suppe gegessen?«

Na ja, damit wird er Kassandra nicht aus der Reserve locken. Er blättert weiter.

»José öffnet die Flasche Champagner. Er ist groß, und unter seiner Jeans und dem T-Shirt zeichnen sich seine Muskeln und breiten Schultern ab.«

Aha. Wie trägt der Typ bloß seine Jeans, dass sich darunter seine breiten Schultern abzeichnen? Sexy ist das nicht. Und wo soll Rüdiger auf die Schnelle Muskeln hernehmen?

»Er signalisiert mir mit seiner langfingrigen, manikürten Hand, dass er mir den Vortritt lässt.«

Puh, jetzt wird es aber gruselig. Können Frauen so etwas erotisch finden?

Eine langfingrige, manikürte Hand? Rüdiger ist froh, gut gegessen zu haben.

Sofort legt die Autorin nach: »Wieso bringt er mich so aus der Fassung?«

Wie spannend, jetzt gibt es die Auflösung!

»Liegt es daran, dass er mit seinem Zeigefinger andauernd seine Unterlippe nachzeichnet?«

Na, das ist einfach, dann kann er sich das ganze Sexspielzeug ja sparen, wenn er Kassandra auf so entspannte Weise heißmachen kann.

»An dieser Lippe würde ich gerne knabbern«, flüstert jetzt dieser Grey, anscheinend mit rauer Stimme.

Rüdiger nimmt an, dass er ihre Lippe meint und nicht seine eigene. Anders wäre es auch schwer zu realisieren.

Diese Ana findet, das sei das Erotischste, was je jemand zu ihr gesagt hat.

Gut, zu Beginn ist sie noch Jungfrau, also sei ihr das verziehen. Im wahren Leben würde eine Frau wohl in schallendes Gelächter ausbrechen, wenn sie so einen Spruch hört.

Jetzt wird es lustig im Buch. Grey besucht Ana tatsächlich an ihrer Arbeitsstelle. Zufälligerweise jobbt sie im Baumarkt und kann ihn so prima beraten, als er sich für Kabelbinder, Kreppband und Naturfaserseil interessiert.

Als gute Verkäuferin drückt sie ihm zusätzlich noch einen Overall aufs Auge.

Mann, wann geht es denn mal zur Sache?

Ah, hier. »Ich nicke mit weit geöffneten Augen, die Hände auf seinen Unterarmen. Ich fühle mich vollkommen ausgefüllt, aber er lässt mir Zeit, mich an das überwältigende Gefühl von ihm in mir zu gewöhnen.

Jetzt werde ich mich bewegen, Baby, erklärt er mir kurz darauf mit kehliger Stimme.«

Rüdiger lacht so laut, dass ihn die anderen Leute auf der Leseinsel anschauen. Er kann sich nicht beherrschen, zu lustig ist die Vorstellung, wie er Kassandra mit kehliger Stimme mitteilt, er werde sich jetzt bewegen. Und wie sie sich vollkommen ausgefüllt fühlt. Er nimmt sich fest vor, sie sich an das überwältigende Gefühl von ihm in ihr gewöhnen zu lassen.

Ihm laufen die Tränen runter und er hofft, dass da bei der Übersetzung einiges an Erotik verloren gegangen ist.

Das Buch beginnt ihm Spaß zu machen. Nachdem Ana Steele endlich einen zehnseitigen Sklavinnenvertrag abgesegnet hat, kann Christian Grey richtig loslegen.

»Christian Grey hat die Nacht in meinem Bett verbracht, und ich fühle mich gut und ausgeruht. Kein Sex, nur Kuscheln.«

Na toll, denkt sich Rüdiger, der Weltklasse-Ausfüller wird zum Kuschelbärchen. Früher oder später kriegen die Frauen uns alle.

Und weiter geht's im Text.

»Christian sitzt auf der Couch und liest. Aus dem Soundsystem erklingt eine atemberaubend schöne Arie.«

Was für ein Waschlappen. Wahrscheinlich wird er gleich einen Kräutertee kochen und sie zu einer Runde Monopoly überreden, der alte Draufgänger.

»Ein weicher Ausdruck tritt in seine Augen, und er lächelt.«

Das reicht eigentlich, aber eine Chance will Rüdiger ihm noch geben. Er überspringt einige Kapitel und schlägt Seite 384 auf.

»*Tanz mit mir*, raunt er mit Reibeisenstimme.«

Rüdiger klappt das Buch zu. Er glaubt nicht mehr daran, dass Grey ihm weiterhelfen kann. Auch die Massage-Butter und die Schlafmaske legt er zurück in die Auslage. Wie sollte ihm so ein Typ als Vorbild dienen?

Enttäuscht kommt Rüdiger nach Hause, er ist wieder bei null angelangt.

Kassandra streicht das Schlafzimmer.

»Ach Schatz, hallo, gefällt dir das Rot?«, fragt sie. »Ich

wollte mal neuen Pep hier reinbringen. Allerdings reicht die Farbe nicht. Lass uns zum Baumarkt fahren.«

Zum Baumarkt? Rüdiger freut sich.

Als sie den OBI betreten, flüstert ihm Kassandra mit rauer Stimme ins Ohr: »Schließ die Augen, ich will dir was zeigen.«

Sie führt ihn durch die Gänge, dann darf er seine Augen, welchen er nicht sofort traut, öffnen.

Auch hier bei OBI gibt es also einen »Shades of Grey«-Aktionstisch.

»Ich hole die Farbe, such dir schon mal was aus«, raunt Kassandra.

Erst weiß Rüdiger nicht, ob sie ihn verarschen will, dann wird er doch ganz aufgeregt.

Also entscheidet er sich am Ende mit roten Ohren für einen 500er-Pack Kabelbinder, ein schönes Seil und einen Bambusstock. Das Kreppband hat Kassandra ja schon fürs Streichen besorgt.

Um Kassandra zu beeindrucken, packt er außerdem vier kleine Schraubzwingen in den Wagen.

Da haben die OBI-Marketingfritzen aber ihre Hausaufgaben gemacht, denkt er sich und wirft noch einen schwarzen Arbeitsoverall hinterher.

»Ich hatte gehofft, dass du den Overall mitnimmst«, flüstert Kassandra, als sie zurückkommt. »Ich glaube nicht, dass mich das auf die Dauer ausfüllt, aber ich will das heute mal ausprobieren.«

Hihi, ausfüllt. Sie blinzelt ihm zu.

»Und Rüdiger? Du musst daheim noch was unterschreiben.«

Nachdem sie die Wand zu Ende gestrichen haben,

zeichnet Rüdiger mit seinem Finger seine Unterlippe nach. Dann fesselt er sie mit den Handgelenken an die Bettpfosten und öffnet seinen Overall.

Als er ihr die Augen verbinden will, deutet sie mit dem Kinn zum Nachtkästchen. Darauf liegt der Vertrag. Er ist nur einseitig.

Er liest: »Bitte sag niemals, dass du an meinen Lippen knabbern willst und dass du dich jetzt bewegen wirst. Leg niemals eine Arie in den CD-Player. Und Herrgott noch mal, nimm mich jetzt.«

Er unterschreibt schnell.

»Das Wichtigste«, sagt er, »ist mir sowieso das Kuscheln hinterher.«

Beide lachen, dann beginnt er, sie auszufüllen.

Auswärtsniederlage

Ab und zu kommt es mal vor, dass jemand bei mir zu Hause vorbeischaut und ein Buch mit Signatur kaufen will. Das ist ein schönes Gefühl.

Ganz selten kommt sogar jemand, den ich noch gar nicht kenne. Das ist ein noch schöneres Gefühl.

Einmal rief also ein Typ an und fragte, ob er eben auf einen Buchkauf bei mir aufschlagen könne. Ludwig.

Wie sich herausstellte, ist Ludwig ein Freund von Michi, dem Bierhorter.

Das flößte mir Respekt ein, ich checkte sofort meine Vorräte. Ich zählte 118 Flaschen und hatte ein gutes Gefühl.

Er könne auch gar nicht lange bleiben, versicherte Ludwig. Er müsse noch auf ein Geburtstagsfest. Zu einem Bier ließe er sich aber überreden.

Nach der vierten Flasche waren wir uns schon so nahe, dass wir gegenseitig unsere Vereine beleidigten. Er wünschte uns den Abstieg und ich warf ihm vor, ein Modefan zu sein.

»Typisch Bayern-Fan«, sagte ich, »immer eine große Klappe, aber dann morgen nicht zum Pokalfinale nach Berlin fahren.«

Das Lächeln wich aus Ludwigs Gesicht.

»Brrrr«, entgegnete er, »ich bin Mitglied in einem Bayern-Fanclub und fahre auch sehr oft auswärts. Nur nach

Berlin will ich nicht mehr, es würden einfach zu viele alte Wunden aufreißen.«

Ich wurde neugierig.

»Das ist ja noch typischer«, hakte ich nach, »ihr gewinnt fast alles, aber wegen einer einzigen Schlappe heulst du rum. Mit Wunden meinst du doch das 2:5 gegen Dortmund, oder?«

»Sicher«, antwortete Ludwig, »aber es ist nicht einfach das 2:5. Ich muss etwas weiter ausholen. Hast du noch ein Bier?«

»Ja, etwa 110 Flaschen«, sagte ich stolz und ging an den Kühlschrank.

Wir stießen an, tranken einen Schluck, dann erzählte Ludwig diese unglaubliche Geschichte.

Ludwig hatte am Vorabend des Spiels Karten für ein Konzert von Laura Pausini im Circus Krone. Eigentlich wollte er mit einer »Spitzenfrau« hingehen, diese sagte allerdings am Morgen ab. Die doofe Nuss, wie er sie zärtlich nannte.

Also beschloss er, alleine hinzugehen. Nach der Arbeit hatte er noch zwei Stunden Zeit, also setzte er sich in den Augustiner-Biergarten an der Hackerbrücke. Und traf prompt einen Arbeitskollegen, der ihm die Karte abkaufte und ihn begleitete. Leider hatten sie schon jeweils zwei Sturz-Mass, als sie in den Circus-Krone-Bau einliefen.

Ans Konzert konnte er sich noch gut erinnern. Da ein Laura-Pausini-Konzert nicht gerade prädestiniert ist für zwei Hetero-Typen, verbrachten die beiden die Zeit mit Biertrinken. Jeder konsumierte stolze acht Weißbier.

Vom Alkoholpegel her war der anschließende Besuch der Ü-30-Party im Löwenbräukeller also nicht unbedingt notwendig, auch an den Absacker bei Abdul in Gröbenzell konnte er sich nur vage erinnern.

»Anscheinend konnte ich dem ersten Taxifahrer meine Adresse nicht mehr nennen«, erklärte mir Ludwig. »Wie auch immer. Von Abdul nach Hause fuhr ich wieder mit dem Taxi. Aber auch diese Taxifahrt sollte nicht die letzte des Wochenendes bleiben.«

Da es nun ungefähr 6 Uhr morgens war, er mit seinen Jungs aber erst um halb 8 nach Berlin aufbrechen wollte, kam Ludwig auf die großartige Idee, sich noch ein Stündchen hinzulegen.

Als er um halb 12 wieder aufwachte, beschwerte sich sein Handy über 27 Anrufe in Abwesenheit, 20 davon kamen von seinem Bruder.

Er rief ihn an und fragte, warum sie ohne ihn losgefahren seien.

Sein Bruder konnte nur gequält über sein Witzchen lachen, vielmehr hatte er genaue Instruktionen für ihn parat.

»Wenn du jetzt sofort zum Bahnhof fährst, schaffst du es bis zum Anpfiff.«

Zuerst hielt Ludwig das für eine gute Idee, dann knöpfte ihm die Frau am Schalter 100 Euro ab. Ludwig verbuchte den Betrag als Strafe für seine Blödheit.

Die Fahrt verlief ohne weitere Vorkommnisse, er kam gut zum Stadion und eine halbe Stunde vor dem Spiel stand er wieder einigermaßen nüchtern und glücklich in der Kurve.

Er dachte sich auch nichts dabei, als sich sein Kumpel sein Ticket lieh, um einen anderen Typen in den Block zu holen. Reine Routine, so etwas.

Als er jedoch nach der Rückkehr seines Kumpels Bier holen und auf die Toilette gehen wollte, sagte ihm dieser tatsächlich, dass er vergessen habe, Ludwigs Eintrittskarte zurückzufordern.

»Spinnst du?«, maulte Ludwig ihn an. »Hol sofort meine Karte zurück!«

Zwei Ordner hatten anscheinend mitgehört, denn nur Sekunden später sollte er sein Ticket vorzeigen.

Als er das nicht konnte, zerrten sie Ludwig Richtung Ausgang. Erst dachte er, sie wollten ihn nur aus dem Block werfen, aber er sollte ganz aus dem Stadion verschwinden. Sobald er das realisierte, riss er sich los und rannte weg. Leider nur etwa 50 Meter weit, dann schnappte ihn sich ein anderer Ordner und warf ihn zu Boden. Zu dritt verwiesen sie ihn schließlich mit zerrissenen Jeans und blutigen Knien des Stadions.

Großartig! Ludwig hatte zusätzlich zum Benzingeld für eine Autofahrt, die er nicht mitgemacht hatte, und der Eintrittskarte, die nun den Besitzer gewechselt hatte, auch noch ein Zugticket bezahlt, um 15 Minuten vor dem Anpfiff wieder vor dem Stadion zu stehen.

Erstmals an diesem Tag hatte er jedoch Glück. Direkt am Stadion fand er eine Leinwand, auf der die Übertragung lief.

Nicht ganz so schön wie im Innern des Stadions, aber es hätte noch schlimmer kommen können. Kam es dann auch, weil pünktlich zum Wimpeltausch abgeschaltet wurde. Keine Lizenz.

Kurze Zeit später hörte er Menschen jubeln. Für wen das Tor gefallen war, fand er heraus, als sich gelbe Menschen umarmten und ihn beschimpften. Es hätte ihn nicht überrascht, wenn sie ihn zusätzlich angespuckt hätten.

Auf der Suche nach einer Fußballkneipe besserte sich seine Laune, weil er das 1:1 durch Ribéry mitbekam, dann betrat er nach einer geschlagenen Stunde endlich einen Laden, in dem das Spiel übertragen wurde. Das Lokal war komplett überfüllt, alles war schwarz-gelb. Und alle feierten. Als er nach einiger Zeit einen Blick auf einen Fetzen der Leinwand erhaschen konnte, sah er warum. 4:1 für Dortmund.

Jetzt spielte es keine Rolle mehr, ob er etwas sah. Er wollte nur noch raus, streunte durch die Straßen und fand eine Imbissbude.

»Mit der besten Tomatensuppe, die ich jemals gegessen habe«, versicherte er mir. Immerhin.

Nach dem Essen wollte er eigentlich nur noch ins Bett. Er ärgerte sich, dass er kein Hotelzimmer wie die anderen gebucht hatte. Weil er Geld sparen wollte, wie witzig. Darauf wäre es heute auch nicht mehr angekommen.

Ludwig hatte sich bei einer entfernten Freundin eingeladen und jetzt eigentlich keine Lust auf Smalltalk in einer WG-Küche.

Es sollte sich herausstellen, dass seine Sorge unbegründet war. Als er nach einer längeren Taxifahrt bei der WG ankam, war die Freundin noch nicht zu Hause, und die anderen aus der WG waren gerade im Aufbruch, wollten zu einer Party. Ludwig fragte, ob er sich einfach zum Schlafen hinlegen könne, aber das Studentenpack wollte ihn nicht alleine in der Wohnung lassen. Auch nicht gegen Zahlung von 50 Euro und Hinterlegung seines Ausweises.

Wäre auch zu einfach gewesen. Selbst zur Feier wollten sie ihn nicht mitnehmen. Angewidert betrachteten sie sein Bayern-Trikot, die zerrissenen Jeans und die blutigen Knie.

Als ihn sein Kumpel Willi aus dem Fanclub anrief und sich nach ihm erkundigte, brach er das Gespräch mit den spießigen Studenten ab und ließ sich von ihm mit dem Taxi abholen. Der Abend sollte in einer Tabledance-Bar gemütlich ausklingen.

»Dort war es auch richtig gut«, meinte Ludwig und schickte mich wieder zum Kühlschrank. »Aber irgendwann werden auch die schönsten Brüste langweilig. Wir beschlossen, mit dem Taxi zu einer weiteren Tabledance-Bar zu fahren.«

Der Taxifahrer kannte sogar eine, welch glückliche Fügung. Er fuhr die beiden hin und ging auch gleich mit ihnen rein. Anscheinend um seine Provision einzusacken. Doch die beiden machten ihm einen Strich durch die Rechnung und wollten nicht bleiben.

»Die Tänzerinnen waren 45 und hatten nicht einmal hübsche Gesichter«, ließ mich Ludwig wissen.

Plötzlich war der Taxifahrer nicht mehr so freundlich und wollte 10 Euro mehr haben, das Taxameter hatte er zudem weiterlaufen lassen.

Und Ludwig wurde es langsam zu bunt, schließlich hatte er schon mehr als 200 Euro in den Sand gesetzt. Also weigerten sie sich, mehr als die Summe zum Zeitpunkt des Aussteigens zu bezahlen.

Jetzt wurde es endgültig absurd. Der Taxifahrer drohte, die Polizei zu rufen, und zückte sein Handy. Was Willi dazu veranlasste, über eine Hecke zu springen und wegzusprinten. Ehe Ludwig reagieren konnte, hatte ihn der Taxler am Arm gepackt.

»Mir war alles egal. ›Hol die Polizei‹, sagte ich zu ihm, ›da bin ich echt gespannt, was die sagen‹. Ich schaute gerade hoch in den Himmel und ließ diesen Scheißtag noch einmal Revue passieren, als er mir seinen Ellenbogen in den

Rücken stieß und mich zu Boden warf. Zum zweiten Mal an diesem Tag lag ich mit der Nase im Dreck, der Taxifahrer auf mir. Ich wusste, dass mir das keiner glauben würde. Ich konnte es selbst nicht glauben. Dann griff der Typ in meine Gesäßtasche und holte meinen Geldbeutel heraus. Er nahm sich meine letzten 50 Euro und warf das Portemonnaie ins Gebüsch. Ich war zu perplex, mir die Autonummer zu merken, als er wegfuhr. Aber ich wählte sofort die 110, landete in der Warteschleife ... und – wer weiß es? – richtig, der Akku war leer.«

Doch nicht umsonst schaut Ludwig gerne »MacGyver«. Er nahm den Akku heraus, wärmte ihn, setzte ihn wieder ein und schaffte es tatsächlich, Willi anzurufen. Und ihn zu überreden, ihn noch einmal mit dem Taxi abzuholen.

»Und der größte Spaß war dann, dass ich bei Willi und seinem Schwiegervater im Hotelzimmer schlafen durfte. Auf dem Boden natürlich. Aber wenigstens lag kein Stadionordner oder Taxifahrer auf mir.«

»Keine schlechte Geschichte«, sagte ich mit Tränen in den Augen. Trotzdem war ich sehr froh, dass auch ein Bayern-Fan ab und zu einen Scheißtag abbekommt.

»Aber eines möchte ich noch wissen?«, hakte ich nach. »War der Tag schlimmer oder Barcelona '99?« Das tat gut.

Als Hauptstraße verkleidet

Ich bin mir darüber im Klaren, dass ich für diese Geschichte nachträglich eingesperrt werden müsste. Manche finden sie sicher nicht lustig.

Und ja, ich war als 19-Jähriger ein noch größerer Idiot als jetzt. Eine Gefährdung für die Allgemeinheit.

So eine Geschichte sollte man nicht auch noch verbreiten. Ich mach es jetzt trotzdem. Beschimpft mich ruhig.

Also: Der Fasching in Unterfranken ist heftig. Jahrelang lief er immer gleich ab: am Samstag Faschingszug und mehr in Rimpar, am Sonntag Faschingszug in Würzburg und hinterher in den »Kutscher«, am Montag den ganzen Tag und die ganze Nacht ins »Sternbäck« und am Dienstag ins »Jenseits«. Am Mittwoch tot.

Damit das Ganze nicht zu langweilig wurde, variierten wir am Freitag vor Fasching.

Dieses Mal wollten wir auf dem »Lumpenball« in Güntersleben feiern. Zumal wir uns da nicht großartig verkleiden mussten, wir Lumpen.

Ich holte also mit meinem guten, alten Ford Taunus Breiti, Murphy, Dirk und Hulge ab und steuerte die Tankstelle an, um Bier zu kaufen. Wir waren in einem Alter, in dem wir aus Finanzgründen noch zum Vorglühen gezwungen waren.

»Fahr weiter«, sagte Dirk, »ich hab von daheim 'ne Flasche Whiskey mitgehen lassen.«

Vor der Turnhalle ließen wir die Flasche kreisen. Dann gingen wir gut gerüstet, beziehungsweise gerichtet, rein.

Anscheinend hatte ich etwas zu viel von dem Zeug erwischt und kann mich erst wieder daran erinnern, dass ich nachts um eins frierend und zitternd im Auto aufwachte. Na, die acht Mark Eintritt hatten sich mal richtig gelohnt.

Ich blickte mich im Auto um und tatsächlich schliefen da auch die vier anderen.

Dann konnte ich uns ja nach Hause fahren. Die Halle liegt im Tal, also musste ich einen Berg hochfahren. Oben geht es links Richtung Rimpar.

Ich setzte den Blinker – oder auch nicht – und bog in die Hauptstraße ein. Nachdem ich auf circa 60 Stundenkilometer beschleunigt hatte, wurde die Straße plötzlich holprig. Nanu?

Aufgrund meines Zustands war ich eine Straße zu früh abgebogen und hatte in der Siedlung beschleunigt. Diese Straße führte nicht nach Rimpar, sondern ging nach 100 Metern in einen Feldweg über. Wir wurden einige Sekunden kräftig durchgeschüttelt, weil der Feldweg nicht auf Pkws mit einer Geschwindigkeit von 60 Stundenkilometern ausgelegt war. Wahrscheinlich versuchte ich noch zu bremsen. Dann hoben wir etwas ab und landeten schräg in einer Hecke. Wir waren unverletzt, es schien gut ausgegangen zu sein.

Breiti bedankte sich für das Nach-Hause-Fahren, öffnete die Tür und purzelte zehn Meter eine Böschung hinunter. Wir anderen lachten zuerst, dann versuchten wir, das Geschehene zu rekonstruieren.

Da einzig Breitis Tür nicht von der dichten Hecke versperrt war, stiegen wir allesamt recht umständlich aus dem

Auto. Schwierig war es auch, nicht wie Breiti den Hügel hinunter zu purzeln.

Als wir nach 100 Metern die Siedlungsstraße erreichten, schauten mich die Jungs an.

Hulge hatte als Erster seine Gedanken geordnet: »Du hast jetzt nicht diese Straße mit der Hauptstraße verwechselt?«

»Hm, muss wohl so gewesen sein«, antwortete ich kleinlaut. »Die sehen aber auch verdammt gleich aus.«

Kopfschüttelnd liefen wir zurück zur Halle und bestellten uns ein Taxi. Als es zwanzig Minuten später kam, bestellten wir ein zweites, weil uns der erste Taxifahrer nicht zu fünft mitnehmen wollte.

Am nächsten Morgen wurde ich wie üblich von meinem Vater geweckt.

Jeden Samstag und Sonntag steckte mein Vater damals den Kopf in mein Zimmer. Dann stellte er mindestens eine von zwei immer gleichen Fragen.

Entweder »Warum riecht das hier so süßlich?« oder »Wo ist dein Auto?«.

Ich antwortete dann immer »Nein, Vadder, ich habe keine Drogen geraucht« oder »Hab ich stehen gelassen, weil ich so vernünftig bin«.

»Hab ich stehen gelassen«, antwortete ich also mechanisch, dann kam die Erinnerung.

Der Taunus lag in einer Hecke in Güntersleben. Ich hoffte, dass die Anwohner oder Spaziergänger ihn noch nicht gesehen oder wenigstens nicht die Polizei informiert hatten.

Meinem Geschmack im Mund und den Kopfschmerzen nach zu urteilen hätte ich auch jetzt noch genug Potenzial für einen Führerscheinentzug gehabt. Und wenn sie die Promillezahl hochgerechnet hätten, wäre ich wohl mit einem neuen fränkischen Rekord im Gerichtssaal eingelaufen.

Ich musste schnell handeln. Also zog ich mich an, weckte meinen Schwager Stefan und bat ihn um Hilfe.

Als wir an einer Werkstatt in Rimpar vorbeifuhren, war da an diesem Samstag tatsächlich jemand am Arbeiten. Es lebe der fleißige fränkische Handwerker!

Er war sogar bereit, sich mit uns ins Abschleppauto zu setzen und nach Güntersleben zu fahren.

In der scharfen Kurve zwischen Rimpar und Güntersleben mutmaßte er: »Hier irgendwo muss es sein. Da fährt fast jedes Wochenende einer rein.«

»Nein«, antwortete ich bestimmt, »ich glaube, ich habe eine ganz neue Unfallstelle gefunden.«

»Die nächste rechts und dann noch mal rechts«, schob ich nach.

Der Mechaniker hob die Augenbrauen.

»Ja«, sagte er, nachdem er den guten alten Taunus erblickt hatte, »da hab ich tatsächlich noch keinen rausgezogen.«

Zum Glück fragte er nicht nach, wie es passiert war. Zu groß war wohl seine Angst vor der Antwort.

Noch einmal Glück hatte ich, dass das Auto außer ein paar Kratzern nichts Schlimmes davongetragen hatte und ich nur unglaubliche 20 Mark abdrücken musste. Die mir mein Schwager leihen musste.

Ich versprach, ihm die 20 Mark zurückzugeben und eine Kiste Hefeweizen draufzulegen, wenn er meinem Vater nichts von meinem nächtlichen Husarenritt erzählen würde.

Auf dem »Lumpenball« hatte ich anscheinend ein Mädchen kennengelernt, denn sie rief mich im Laufe der Woche an. Katharina. Ich musste sie zu einem frühen Zeitpunkt der

Veranstaltung getroffen haben, denn sie versicherte mir, dass ich mit ihr gesprochen und sie mich verstanden hatte. Außerdem konnte ich ihr meine Telefonnummer noch aufschreiben.

Warum sagt mein Vater nur immer, ich könne nichts?! Immerhin hatte ich eine Frau dazu gebracht, mich anzurufen, ohne noch von dieser Begegnung zu wissen. Ich denke, dass man mit dieser Fähigkeit einigermaßen durchs Leben kommen kann. Ich fühlte Stolz.

Nun wäre am Wochenende Beatabend in derselben Halle und es wäre doch schön, meinte sie, wenn wir uns, eventuell etwas nüchterner, wiedersehen könnten. Das »etwas nüchterner« war wohl auf mich gemünzt.

Sie selbst sei aus Güntersleben und sowieso da, weil sie an der Bar arbeitete.

Die Art, wie sie Güntersleben aussprach, machte mich skeptisch.

»Günnerschlämm!«

Ich sagte dennoch zu. Vielleicht war sie ja trotzdem hübsch. Und einen grausamen Dialekt kann man sich abgewöhnen.

Breiti, Murphy, Dirk und Hulge wollten dieses Mal nicht mitkommen, aus Furcht vor der Heimfahrt. Außerdem käme ihnen das Taxifahren auf Dauer zu teuer.

Mir war das ganz recht, ich wollte mein Blind Date aus Günnerschlämm erst einmal alleine in Augenschein nehmen.

Um mich interessanter zu machen, ließ ich etwas auf mich warten und betrat erst gegen 23 Uhr die Halle.

An der Bar stand eine fies geschminkte, solariumgebräunte Grazie vom Typ Nagelstudiobesitzerin.

»Bist du Katharina?«, fragte ich ängstlich nach.

»Nein«, sagte sie, »die schenkt da drüben die Longdrinks aus.«

Ich blickte nach links und schnappte nach Luft. Sie war nicht nur hübsch, sie war wunderschön. Leider stand ein Typ bei ihr, mit dem sie augenscheinlich flirtete.

»Ach du bist's«, sagte sie enttäuscht, nachdem ich mich vorgestellt hatte, »irgendwie habe ich dich süßer in Erinnerung. Und witziger. Hier, ich geb dir einen Bacardi-O aus, wir unterhalten uns später.«

Dann wendete sie sich wieder dem Schönling zu und lächelte. Ich schob mein Getränk von mir weg und ließ die beiden Turteltäubchen aus Günnerschlämm alleine. Sollte sie doch sehen, wie sie ohne mich durchs Leben kam.

Dafür traf ich in dem Laden ein paar Jungs aus Rimpar. Uwe und Esche wollten mich zum Trinken überreden, aber ich würde nie mehr trinken, wenn ich Auto fuhr.

Viel lieber wollte ich nach Hause fahren, um Katharina nicht mehr die ganze Zeit anstarren zu müssen.

Uwe und Esche hatten auch genug und wollten mitkommen. Zumal ich den beiden die Geschichte vom letzten Freitag erzählt hatte und sie die Unfallstelle sehen wollten.

Ich bog also in den Feldweg hinein und zeigte ihnen die Hecke. Ich bekam Angst vor mir selbst, wenn ich über die Unfallfahrt nachdachte.

Uwe und Esche lachten, letztlich war die Hecke ohne Auto darin aber relativ unspektakulär, und ich fuhr weiter.

Da es regnete und ich durch die Heckscheibe wenig sehen konnte, fuhr ich weiter auf dem Feldweg und suchte nach einer Wendemöglichkeit.

Nach ein paar Hundert Metern witterte ich meine

Chance. Der Feldweg gabelte sich. Also steuerte ich den Taunus ein paar Meter rechts in die Abzweigung hinein, die bergan führte. Als ich zurücksetzte, hörten wir einen Schlag, dann konnte ich nicht mehr weiterfahren. Wir stiegen aus und betrachteten die Bescherung. Das Auto saß auf dem Unterboden auf, die Antriebsräder hingen in der Luft.

Wir versuchten, den Taunus wieder in die Spur zu bringen, schafften es aber nicht. Uwe und Esche waren mir dabei keine große Hilfe, weil sie so sehr lachen mussten.

Uns blieb nichts anderes übrig, als zur Halle zurückzugehen und ein Taxi zu rufen. Bis nach Rimpar prustete immer wieder einer der beiden los, dann brachen sie in schallendes Gelächter aus. Ich selbst lachte nicht. Es stimmte mich eher traurig, dass ich so himmelschreiend blöd war.

»Wo ist dein Auto?«, hörte ich am Morgen noch im Halbschlaf meinen Vater fragen.

Ich war sofort hellwach.

»Äh, das hab ich stehen gelassen. Ich hol es gleich.«

»Soll ich dich fahren?«, bot mein Vater an.

»Nein, nein, Breiti fährt mich«, nuschelte ich, sprang in meine Klamotten und war weg.

Es war mir äußerst unangenehm, als ich zur Werkstatt kam. Zu allem Überfluss arbeitete dort derselbe Mechaniker wie eine Woche zuvor.

Er zuckte zusammen, als er mich sah. Ein zweites Mal, als ich ihn bat, mit mir nach Güntersleben zu fahren.

Er schüttelte den Kopf, als wir die scharfe Kurve passierten.

»Ich weiß«, sagte er, »das wäre zu einfach.«

Als ich ihm sagte, er solle doch bitte wieder in die Siedlung einbiegen, schaute er mich ungläubig an. Ich nickte ihm zu.

Diese Ungläubigkeit im Blick wich auch nicht, als wir an der Hecke vorbeifuhren. Ich konnte es ja selbst kaum glauben.

Der Mann von der Werkstatt lächelte nicht einmal, als wir zu meinem Auto kamen.

Neben dem Taunus stand ein VW-Bus des Elektrizitätswerks. Die beiden Angestellten waren ausgestiegen und ließen mein Auto lachend auf- und abwippen. Eigentlich wollten sie weiter zu einem Stromkasten fahren, kamen aber nicht vorbei. Jetzt hatten sie Spaß.

»Wenn ich dich mit meinem Auto da herausziehe, geht am Unterboden alles kaputt«, meinte mein neuer Mechaniker-Kumpel. Frag die lustigen Kerle, ob sie dir mit dem VW-Bus raushelfen.«

Und tatsächlich schafften wir es unter seiner Anleitung, den Taunus unversehrt zu bergen. Ich war ihm sehr dankbar, dass er mir geholfen hatte, obwohl er mich wahrscheinlich abgrundtief hasste.

»Was bekommen Sie jetzt von mir?«, fragte ich schuldbewusst.

»Gar nichts. Ich will auch gar nicht hören, wie das passiert ist. Kauf den Jungs hier eine Kiste Bier und versprich mir, dass du nächsten Samstag nicht wieder bei uns in der Werkstatt stehst. Oder noch besser: Gib einfach deinen Führerschein zurück.«

Schöntrinken

Manchmal ist es ein Segen, im Buchhandel zu arbeiten.

Da räume ich doch nichtsahnend die Diät-Bücher weg – auch um dabei etwas abzunehmen –, da sticht mir plötzlich die Lösung all meiner Gewichtsprobleme ins Auge: »Die Bier-Diät« von Jens Bujar.

Dieser Bujar scheint ein schlauer Typ zu sein, denn er bestätigt mir, was ich schon immer wusste. Zum einen, dass Bier ein relativ kalorienarmes Getränk ist, zum anderen, dass laut einer Studie ein Bierbauch nichts mit Bierkonsum zu tun hat.

Bujar ist leidenschaftlicher Biertrinker und will keinesfalls für eine Diät darauf verzichten. Dafür ernährt er sich etwas gesünder und nimmt in fünf Monaten zehn Kilo ab. Zu Beginn der Diät wiegt er bei 1,86 Meter schwammige 95 Kilo.

Ich dagegen wiege nur 91 Kilo und bin fast genauso groß, habe mich also nicht ganz so gehen lassen. Deshalb muss ich auch nur – sagen wir – vier Kilo abnehmen. Das Ganze in vier Wochen, weil die ersten Kilos bei jeder Diät ganz schnell purzeln. Und ein Kilo pro Woche müsste ja wohl drin sein.

Als ich Breiti davon erzähle, setzt er spontan eine Kiste Bier dagegen.

Trotzdem bin ich euphorisch. Eine Bier-Diät, wie maßgeschneidert für mich! Ich kann trinken und werde abnehmen, wenn ich es nur schaffe, etwas weniger zu essen.

Das Konzept ist so einfach. Kein Kalorienzählen und kein Ernährungsplan.

Ein Bier ersetzt zum Teil die Mahlzeit. Das kapiere sogar ich.

Wer braucht diese neumodischen Diäten? Low Carb, Paleo und Weight Watchers ... alles Quatsch!

Woche 1:
Nach drei Tagen gewöhne ich mir ab, schon am Morgen ein Bier zu trinken. Meine Kollegen sind dankbar. Nicht, weil ich zu sehr nach Alkohol riechen würde, sondern weil sie meine gute Laune am Morgen nicht ertragen.

Mittags esse ich jeden Tag bei Burger King einen Salat. Bei Burger King deshalb, damit ich das gute Essen wenigstens riechen kann.

Die Bisse der anderen Gäste in ihre ungesunden Burger sind nur zu ertragen, weil es zum Nachtisch ein schönes Weißbier in der Kneipe nebenan gibt. Es ist erstaunlich, wie gut ein Bier in der Mittagspause tut. Eine tolle Diät.

Obwohl ich zum Bier schon das eine oder andere Häppchen mehr vertragen könnte.

Auch beim Abendessen kasteie ich mich und esse nur das, was bei den Kindern auf dem Teller bleibt. Unter normalen Umständen putze ich zuerst meinen eigenen leer, dann das Gleiche noch mal und am Ende dann den Rest von meinen Kindern. Jetzt, wo die ersten beiden Portionen wegfallen, lade ich den Kindern Riesenportionen auf den Teller.

Immer wenn ich merke, dass sie zu großen Appetit haben, schalte ich den Fernseher ein in der Hoffnung, sie vom Tisch wegzulocken.

Am Abend trinke ich erst, wenn die Kinder im Bett sind. Allerdings nicht mehr als drei Bier. Wenn ich alleine bin. In Gesellschaft marginal mehr. Wobei ich nur einmal in dieser Woche weggehe. Ein Termin mit dem Verlag. Das ist eine doofe Situation, wenn das Essen nichts kostet. Aber ich widerstehe, trinke dafür ein Bierchen mehr.

Ich bin stolz auf mich, als ich am Montagmorgen auf die Waage schwebe. Ein lauter Schrei hallt durch die Siedlung.

Wochenbilanz: Gewicht – 90 Kilo, Bierkonsum – 19 Halbe

Woche 2:
Leichtfüßig tänzle ich auf die Arbeit. Die Kollegen fragen mich, ob ich abgenommen hätte. Allerdings nur, weil ich sie auffordere, mich zu fragen.

Leider ist es eine Champions-League-Woche. Hoffentlich wirft die mich nicht zurück, Fußball steht bei mir eigentlich im direkten Zusammenhang mit ungesunder Ernährung.

Am Dienstag schaue ich mit Breiti in der Kneipe. Und bringe leider etwas Hunger mit und muss mich deshalb ablenken.

»Na, fällt dir was auf?«, frage ich ihn freudestrahlend.

»Du warst beim Friseur?«

Blödmann!

Er lacht, als ich ihm von meiner ersten Woche und dem weggesoffenen Kilo erzähle.

Gut gelaunt bestellt er sich ein Schnitzel. Er will mich

quälen und schafft es auch. Hier gibt es sogar ein Münchner Schnitzel mit Meerrettich-Panade, den Maserati unter den Schnitzeln.

Ich esse nichts. Nur die fünf bis sechs Pommes, die Breiti auf dem Teller lässt. Das Schnitzel isst er komplett auf.

Wieder Blödmann!

Aber selbst schuld, die Kiste Bier gehört beinahe schon mir.

Klugerweise trinke ich Weißbier, welches bei nur minimal mehr Kalorien viel besser sättigt. Es ist mein Plan, drei Bier zu trinken. Eines pro Halbzeit, eines in der Halbzeitpause. Der Plan geht auf, ich trinke genau drei Bier. Und dann zur Belohnung ein viertes, weil ich so konsequent war.

Als ich nach Hause komme, schaue ich nach, ob bei den Kindern noch etwas auf dem Teller liegt, gehe aber hungrig ins Bett. Weil auch der Katzenteller leer ist.

Einen Tag später schauen wir zu Hause Champions League. Breiti, Murphy und Lauer kommen mit Bier und Chips an. Bestimmt will mich Breiti erneut auf die Probe stellen. Langsam wird er mir unsympathisch. Gestern die fiese Nummer mit dem Schnitzel, jetzt schleppt er drei Chipspackungen an.

Ich bestehe die Probe nicht, kann den anderen unmöglich die ganze Tüte Salt & Vinegar-Chips überlassen. Zumal die Kinder auch heute nichts übrig gelassen haben.

Dafür trinke ich auch keine drei Bier wie sonst. Ich trinke sieben. Zum Glück hat Bier kaum Kalorien, rede ich mir ein.

Am Donnerstag esse ich tagsüber nichts, aus schlechtem Gewissen, vor allem aber, weil mir schlecht ist. Waren die ganzen Bier also doch zu etwas nütze.

Blöderweise bin ich am Wochenende auf zwei Geburtstage eingeladen. Überraschenderweise bleibe ich stark und trinke jeweils nur drei Bier. Ich beneide zwar alle, die sich am Buffet bedienen, bemitleide sie aber auch. Sogar Weißbrot essen sie, diese Verrückten. Weißbrot ist der schlimmste Feind der Aufgeschwemmten. Erstaunlicherweise sind fast alle schlanker als ich.

Schlecht gelaunt und hungrig lege ich mich am Sonntagabend ins Bett.

Wochenbilanz: Gewicht – 90,5 Kilo, Bierkonsum – 26 Halbe

Woche 3:
Demütig und peinlich berührt gehe ich in die nächste Woche. Ich hab tatsächlich wieder 500 Gramm zugenommen, muss also jetzt in den letzten zwei Wochen dreieinhalb Kilo abnehmen, um mich an Breiti zu rächen.

Ganz schön kleinlich, so ein Körper. Verzeiht aber auch rein gar nichts.

Gleich am Montag bestrafe ich mich mit Gemüse. Zum Glück habe ich gelesen, dass Gemüse gesünder ist als Obst. Weil ich Obst noch weniger mag.

Es ist überraschend, wie gut Gemüse sein kann. Wenn man es toll zubereitet, fehlt einem überhaupt nichts.

Bullshit! Gemüse ohne Fleisch oder Nudeln ist grausam. Schon mit Fleisch oder Nudeln ist es grenzwertig.

Aber was soll's, es war klar, dass es kein Spaziergang werden würde, so viel abzunehmen. Ich mache mir ein Bier auf, spüle das Gemüse damit runter, dann rechne ich noch einmal nach.

Bisher habe ich erst ein halbes Kilo abgenommen, vielleicht sollte ich mich nicht immer so weit aus dem Fenster lehnen.

Die Woche über bin ich eisern. Nur ein einziges Mal habe ich in der S-Bahn so Hunger, dass ich alle Leute mit Brezn und Croissants in der Hand hasse. Ich stelle mich ganz dicht neben sie und halte unauffällig in Gürtelhöhe meine Handflächen auf, um eventuell ein paar herunterfallende Krümel abzustauben.

Weil auch das nicht klappt, trinke ich am Samstag frustriert ein paar Flaschen mehr. Auch weil ich das HSV-Spiel komplett anschaue. Bereits nach zwanzig Minuten ist klar, dass mir heute drei Bier nicht weiterhelfen würden.

Am Sonntag spiele ich Fußball. Ich versuche es. Aber entweder liegt es daran, dass ich schon mehrere Monate nicht mehr gespielt habe und alt bin, oder es liegt an der anstrengenden Diät.

Ich spiele jedenfalls schlecht, nach jedem 10-Meter-Sprint atme ich, als wäre ich gerade 400 Meter Hürden gelaufen. Na ja, wenn man das überhaupt Sprint nennen kann. Schnelligkeit ist nicht so mein Ding.

Schon damals, auf dem Höhepunkt meiner Karriere, in der Bezirksliga, hat Steini mal meine Sprints während der 90 Minuten gezählt: zwei.

Und auch die habe ich nur eingestreut, weil mir Steini in der Halbzeitpause gesteckt hatte, dass mein Sprint-Zähler noch auf null stünde. Nötig wären sie nicht gewesen. Wenn man ein gutes Stellungsspiel hat, muss man nicht sprinten.

Dafür bin ich nach dem heutigen Spiel ein gefragter Mann. Alle wollen wissen, wie ich mich so gehen lassen und so unförmig werden konnte.

Ich lenke ab, indem ich von der Bier-Diät erzähle. Die dickeren unter den Mitspielern folgen meinen Ausführungen interessiert, die trainierten trinken lachend und sorgenfrei ihr Bier. Wie um mich zu verhöhnen, bestellen viele einen Schweinebraten.

Traurig gehe ich nach Hause und trinke ein Bier. Ohne Schweinebraten. Wenn sich das am nächsten Morgen auf der Waage nicht auszahlt, werde ich die Bier-Diät vielleicht auf eine Bier-Schweinebraten-Diät erweitern. Ich muss mir ja nicht alles bieten lassen. Lieber gehe ich mit wehenden Fahnen unter. Zusammen mit dem HSV, der schon wieder verloren hat. Breckswoche!

Wochenbilanz: Gewicht – 89,5 Kilo, Bierkonsum – 16 Halbe

Woche 4:
Ich kann es nach dem Aufwachen nicht fassen. Ich wiege weniger als 90 Kilo. Zudem habe ich heute meinen freien Tag. Wenn ich mir jetzt kein Weißwurstfrühstück gönne, wann dann? Klar muss ich in dieser Woche noch zweieinhalb Kilo abnehmen, aber sicher nicht gleich am Montagmorgen.

Lächelnd laufe ich im »Café Gaumenschmaus« ein und frage die Wirtin Maria: »Na, fällt dir was auf?«

»Hm«, überlegt sie, »warst du beim Friseur?«

Die hat sich doch mit Breiti abgesprochen. Ich bestelle dennoch gut gelaunt Weißwürste, verzichte aber clevererweise auf die Brezn. Schließlich will ich mein Fliegengewicht nicht gleich wieder aufs Spiel setzen. Lieber trinke ich ein zweites Weißbier.

Am Nachmittag gehe ich joggen, ich bin voll motiviert.

Übermotiviert. Ich kollabiere beinahe, weil mein Körper nicht auf zwei Mal Sport innerhalb von nur 24 Stunden ausgelegt ist.

Später stelle ich entsetzt fest, dass ich in dieser Woche schon wieder an zwei Tagen Champions League anschauen muss. Und ich stelle noch entsetzter fest, dass der HSV wieder nicht mitspielt.

Die langweiligen Bayern spielen am Dienstag. Nicht einmal ich kann so viel Bier trinken wie die Tore schießen. Es ist irgendwie demütigend. Wieder bestellen alle ungesunde Fleischberge mit noch ungesünderen Beilagen. Fußballfans ernähren sich eklig. Keine Selbstdisziplin, diese Proleten.

Mein Magen schrumpft auf Erbsengröße zusammen, ich weine ein wenig auf der Toilette. Ich habe nicht einmal die Kraft, Pommes von fremden Tellern zu klauen.

Am Mittwoch treffen wir uns bei Murphy. Er hat Beck's, Jever, Budweiser, Tuborg und sogar Würzburger Hofbräu am Start. Das sind doch endlich mal gute Voraussetzungen für eine Bier-Diät.

Außerdem gibt es hier keine Chips, sondern Rohkost mit Dips. Kann man wirklich essen. Muss man nicht zwingend, kann man aber.

Ich trinke von jedem Bier eines, vom Würzburger Hofbräu gleich zwei. Das bekomme ich einfach nicht so oft. Und Bier-Diät ist Bier-Diät.

Den Donnerstag- und Freitagabend verbringe ich mit den Kindern. Ich gebe noch einmal alles und koche gesundes Zeugs. Tom beschwert sich schon am Donnerstag, Luzie fragt am Freitag, ob ich sie noch lieb habe.

Weil sie eher auf Pizza und Döner und Spare Ribs stehen, essen sie nicht viel. Auch ich esse kaum etwas, weil ich Angst vor der Waage am Montag habe.

Mir kommen lediglich am Samstag und Sonntag zwei Auftritte auf Lesebühnen in die Quere. Da gibt es Freigetränke und -essen.

Einmal tausche ich das Essen gegen zwei Getränke, am Sonntag gibt es jedoch Currywurst und fettige Pommes. Als der Typ neben mir den ersten Bissen in den Mund schiebt, bestelle ich mir das Gleiche.

Erst dann sehe ich, dass es Breiti ist. Anscheinend will er das Bier sehr gerne haben. Doch auch wenn er das Bier gewinnt: Unter Umständen verliert er einen Freund, wenn er mich weiter so provoziert. Einen schlanken Freund.

Montag:
Zitternd steige ich auf die Waage. Es liegt im Bereich des Möglichen, dass ich die 87 Kilo nicht erreicht habe, obwohl ich nach dem Aufstehen noch joggen war. Jetzt wird sich zeigen, ob die Bier-Diät etwas kann. Immerhin habe ich 23 Bier in dieser und mehr als vier Kisten in vier Wochen getrunken. Bierkonsumtechnisch kann ich mir absolut nichts vorwerfen, der Erfinder der Diät wäre sicher beeindruckt.

Die dämliche Waage zeigt ... 90,5 Kilo an. Einen Moment lang denke ich, die Waage höhnisch lachen zu hören. Dann fällt mir ein, dass Breiti bei mir übernachtet hat, weil er beim Wiegen dabei sein wollte.

Jetzt steht er hinter mir und hält sich den Bauch.

»Sauber, Volker!«, sagt er. »Glückwunsch zu 500 Gramm in vier Wochen!«

Dann freut er sich wieder.

Zu den vielen leeren Flaschen sagt er nichts. Kein Lob, nichts.

Egal, ich bin HSV-Fan, ich kann auch kleine Erfolge feiern. 500 Gramm sind 500 Gramm. Ich stelle mir 500 Gramm Hackfleisch vor und bin zufrieden.

Cool, Hackfleisch. Ich bekomme Lust auf eine Lasagne.

Man muss sich ja auch mal etwas gönnen.

80-Euro-Kater

»Ihr Rimparer Bauern! Ich hab da was für euch!«

Murphy arbeitet seit Jahren als Barkeeper und hat jede Menge Gastrokontakte. Jetzt will er uns zu einer richtig edlen Weinprobe mitnehmen. Was er sich dabei wohl denkt?

»Ihr seid jetzt Mitte 40, da müsst ihr nicht immer Bier in euch reinschütten.«

Natürlich trinke ich auch mal gerne ein Glas Wein zum Essen, aber eben nur zum Essen. Und eine Flasche zu 5 Euro tut es locker, alles andere wäre Verschwendung.

Ein schönes Pils schmeckt mir einfach besser als egal welcher Wein, das hat doch nichts mit dem Alter zu tun.

Die Weinprobe würde 80 Euro pro Person kosten, Murphy hat über dunkle Kanäle jedoch drei Freikarten bekommen. Die kann man unmöglich verfallen lassen, da gebe ich ihm recht.

Zwei Wochenenden später ist es so weit, vorfreudig laufen wir in den Bayerischen Hof ein.

Jetzt bin ich froh, dass mich Murphy gezwungen hat, Hemd und Anzug anzuziehen. In meinen Hochzeitsanzug passe ich nicht mehr rein. Deshalb hat mir Murphy den Anzug geliehen, den er bei meiner Hochzeit getragen hat. Weil auch er wiederum da nicht mehr reinpasst. Ich fühle mich trotzdem unwohl und werde scheinbar von allen gemustert.

Dem alten BWLer Breiti dagegen scheint der Anzug schon angewachsen zu sein, er ist fein raus.

Die übrigen Gäste, etwa 15 an der Zahl, sind alle um die 40, also auch in einem Alter, in dem man nicht mehr immer Bier in sich reinschütten muss.

Ich schaue mir die Leute genauer an und stelle fest, dass es 14 oder 16 sein müssen, da außer uns nur Pärchen da sind. Na toll, das wird bestimmt ein lustiger Abend.

Wir haben keine Ahnung, warum uns Murphy mitgenommen hat. Eigentlich kann er sich mit uns nur blamieren. Andererseits sind wir keine 20 mehr und wissen uns zu benehmen.

»Boah! Schau mal, Breiti, diese kleinen Gläser!«, sage ich etwas zu laut.

Murphy verdreht die Augen und zwickt mich in die Seite. Er wird sich doch nicht für uns schämen. Vor diesen Lackaffen?!

Aber gut, wir reißen uns zusammen.

Es geht los. Mit den Rotweinen.

»Ui, vielleicht können wir dann bei den Weißweinen gehen. Die mag ich überhaupt nicht«, raune ich Breiti zu.

»Eine Weinprobe beginnt immer mit den Rotweinen, weil später die Säure der Weißweine erfrischt und neutralisiert«, erklärt uns eine Weinstreberin ungefragt.

Ich habe sie vorher noch nie gesehen und noch keinen Satz mit ihr gesprochen, weiß aber ganz sicher, dass sie Französisch- und Deutsch-LK hatte. Auch Colloquium Religion ist ein ganz heißer Tipp und auf ihr Eins-Komma-Abi würde ich viel Geld setzen.

»Und genau diese Säure bringt dich beim Kotzen um«, flüstere ich ihr zu.

Nur um sicherzugehen, dass sie uns nicht mehr anspricht.

Murphy schaut mich sehr streng an.

»Bei einer Weinverkostung gibt es vier Schritte, bevor man zum Gesamturteil kommt«, sagt der Moderator oder Weinausteiler, dessen Fachbezeichnung wahrscheinlich anders lautet. »Der erste Schritt ist das Betrachten, dann das Riechen, das Schmecken und am Ende das Schlucken oder das Spucken.«

»Wie in der Disko«, flüstert Murphy.

Wir lachen uns kaputt, erinnern uns aber schnell daran, dass wir Mitte 40 sind.

Ich zwicke Murphy in die Seite.

»Contenance!«, fordere ich.

Der Connaisseur Murphy spuckt letztendlich, was für Breiti und mich nicht infrage kommt. Diese Weinprobe kostet 80 Euro. Und dann soll man das Zeug in einen Eimer spucken? Lächerlich!

Die ganzen Pärchen hier sind sehr anstrengend. Jeden Wein finden sie »vorzüglich«, sie nicken sich zu und machen sich Notizen. Tatsächlich schreiben sie manchmal auf, was der Verkoster sagt. Verkoster, das könnte der Fachausdruck sein.

Im Gegensatz zu den Pärchen werden wir drei von Glas zu Glas sympathischer.

»Toll im Abgang«, sagt Breiti, nachdem er doch mal ausgespuckt hat.

Aber ich rieche schon am nächsten Wein.

»Ich liebe sein Sekundäraroma«, urteile ich. Das Wort habe ich kurz zuvor aufgeschnappt und sofort in meinen aktiven Wortschatz aufgenommen.

»Erdig«, sagt Murphy. Ich mustere ihn, um zu erkennen, ob er es ernst meint. Dann prustet er zum Glück los.

Als der nächste Wein ausgeschenkt wird, bin ich mir sofort sicher. Ich kann mein Glück kaum fassen. Drei Minuten zuvor habe ich in einem der herumliegenden Weinbücher exakt das Kapitel über dieses Thema verinnerlicht.

Ich rieche noch einmal und rufe dann in die Runde: »Der Wein korkt!«

»Auf keinen Fall«, sagt einer der Weinflüsterer.

Jackpot, darauf habe ich nur gewartet.

»Doch«, sage ich gestelzt, »aber das passiert. Ein Korken ist nun einmal ein Naturprodukt und somit fehleranfällig.«

Ich rieche beiläufig am Weinglas, bevor ich weiterspreche.

»Raubbau an den portugiesischen Korkeichen und eine nachlässige Behandlung der Korkrinde haben dazu geführt, dass sich sogenannte Korkschmecker in den letzten Jahren häufen.«

Als mir der Chef recht gibt und einen Ersatzwein öffnet, werde ich zum Star.

Sogar die Französisch-Deutsch-Tussi scheint sich in mich verliebt zu haben und rückt ein bisschen näher an mich ran. Ihr Mann goutiert das ganz und gar nicht.

Plötzlich lachen sogar alle, als ich spaßeshalber ein Bier bestelle. Diese Heuchler!

Als der nächste Wein vor uns steht, schnuppert Breiti zuerst am stehenden Glas, dann erst schwenkt er es.

»Mit dem Schwenken aktiviert man die schweren Düfte«, sagt er laut zu allen. »Wirklich ein gutes Buch«, sagt er leise zu mir.

Die Einser-Abiturientin ist bei so viel Sachverstand nun kurz davor, sich auszuziehen, auch Murphy ist beeindruckt.

»Der Cabernet Sauvignon hat sehr oft ein leicht vegetabiles Aroma«, lege ich nach.

Wieder spuckt Breiti aus, dieses Mal, weil er lachen muss.

Wir sind beim 18. Wein angelangt und deutlich mitgenommen. Zum Neutralisieren gibt es nur Wasser und Weißbrot. Weißbrot macht dick und ich will heute nicht auch noch aus Murphys Anzug rauswachsen. Wasser ist indiskutabel.

Ich lechze nach einem Burger, weil Cabernet Sauvignon am besten mit Rindfleisch harmoniert.

»Auf keinen Fall gehen wir noch zu McDonald's!«, sagt Murphy energisch. »So viel Klasse, dir nach einer Weinprobe vom Feinsten nicht diesen Müll reinzuschieben, müsstest selbst du haben, Keidel.«

»Nein, klar, natürlich nicht!«, lüge ich.

Nach 20 Weinen haben wir es geschafft, die Weinprobe ist zu Ende.

Bevor wir rausschwanken, müssen wir noch Wein kaufen. So viel Klasse haben wir.

Breiti und ich versichern uns gegenseitig, dass der billigste Wein auch der beste war. Wenn man bei 17 Euro von billig sprechen kann. Wir kaufen jeweils eine Flasche. Murphy hingegen lässt sich noch zehn Minuten lang beraten und geht mit einer ganzen Kiste Wein unter dem Arm raus.

»Bier auf Wein, das lass sein«, lallt Breiti.

Dennoch steuern Breiti und ich die nächstbeste Kneipe an, während Murphy kopfschüttelnd Klasse beweist und nach Hause geht.

Um die winzigen Gläser zu vergessen, bestellen wir einen Zwei-Liter-Stiefel. Wie sonst soll man den Weingeschmack aus dem Mund bekommen?

Noch schlimmer fühlt sich mein Mund am nächsten Morgen an. Ich habe das Gefühl, die letzten beiden Wochen ohne Wasser in der Wüste Gobi verbracht zu haben.

Zudem zerspringt mein Schädel. Mannomann! Da trinkt man Wein für 80 Euro und hat am nächsten Tag einen Kater, für den ein paar Fläschchen Augustiner auch locker gereicht hätten.

Breiti hat bei mir übernachtet und sieht auch schlimm aus. Ich habe ihn geweckt, indem ich mit den Lippen das Entkorken einer Weinflasche imitiert habe. Richtig lustig findet er das nicht.

Er rächt sich, indem er wirklich eine Weinflasche entkorkt. Einen Konterwein sozusagen.

Spontan beschließe ich, mich zu übergeben, schaffe es aber gerade noch, die Toilette zu erreichen. Die Säure bringt mich um. Obwohl wir meines Wissens gar keinen Weißwein getrunken haben.

Ich lache noch während des Kotzens, weil ich an den Verkoster denken muss: Betrachten, Riechen, Schmecken und Schlucken oder Spucken.

Breiti hat wohl ähnliche Gedankengänge.

»Und, wie war er im Abgang?«, fragt er, wird aber glücklicherweise vom Klingeln des Telefons abgehalten, weiter witzig zu sein.

Murphy ist dran. Er hat auch ohne Absackerbier einen Kater und will uns zur Wiedergutmachung am Wochenende drauf zu einer Bierprobe in Bamberg einladen.

»Murphy!«, sage ich streng. »Ich dachte, du hättest mehr Klasse.«

Bitte nicht zu den Bayern!

»Tom, komm her, ich muss mal mit dir reden.«

Als ich ihn ernst anschaue, muss er lachen.

»Kommt jetzt diese Bienennummer? Papa, ich weiß, wo die Babys herkommen. Du kannst dich entspannen.«

Mein Sohn ist zehn und sagt: »Kommt jetzt diese Bienennummer?« Sprachlich kann ich ihm also nichts mehr vormachen.

»Nein, es geht um Wichtigeres, setz dich.«

Wieder schaue ich ihn ernst an, er lacht nun nicht mehr. Beeindrucken kann ich ihn also noch.

»Tom, du bist jetzt zehn Jahre alt. Es ist höchste Zeit, dich für einen Fußballverein zu entscheiden.«

Jetzt lacht er wieder.

»Papa, ich bin schon Bayern-Fan und ich will endlich mal in die Allianz Arena.«

Innerlich bin ich schon seit Jahren auf diesen Moment vorbereitet. Es war klar, dass dieser Satz irgendwann fallen würde. Wir wohnen nahe München, mein Sohn ist nun mal Oberbayer. Ein Kind, das hier aufwächst, wird entweder Bayern- oder Löwenfan.

Mir wird dennoch heiß, beide Optionen sind schlimm.

Als Bayern-Fan würde er in einer Scheinwelt sozialisiert werden, er würde zahlreiche Meisterschaften und Pokalsiege feiern und eventuell im Rausch dieser Erfolge auch im echten Leben erfolgreich werden. Aber er würde ein unglaublich langweiliges Leben führen.

Als Löwen-Fan würde er von Anfang an in der Realität aufwachsen und hätte es sicher schwer im Leben. Es ist hart, wenn man mehrmals täglich ausgelacht wird. Wer wüsste das besser als ein HSV-Fan? Tom müsste so viel Energie aufwenden, um als 60er in München zu bestehen, dass er beruflich wohl keine großen Bäume ausreißen würde.

Fans vom HSV, dem Club und den Löwen ergattern Berufe wie Buchhändler oder Maurer, viele sind auch arbeitslos. Sie wohnen in Vororten, in Franken oder in Giesing.

Sie schlafen schlecht, unter Brücken oder in der Bahnhofsmission.

Deshalb ist es keine Frage, welche Art Leben ich meinem Erstgeborenen wünsche.

Ich flehe ihn förmlich an: »Bitte nicht zu den Bayern!«

»Natürlich zu den Bayern!«, lacht mich Tom aus. »Was soll ich bei den Löwen? Dann könnte ich ja gleich HSV-Fan werden.«

»Nein«, sage ich, »das kann man von niemandem verlangen, vor allem nicht von Menschen, die man liebt.«

Trotzdem wäre es natürlich schön, mit ihm ein paar Mal im Jahr zum HSV zu fahren und zusammen zu leiden.

Verdammt! Mein Sohn ist im Begriff, Bayern-Fan zu werden. Das ist so, wie wenn dir dein Kind mitteilt, Klassenbester zu sein. Beides ist einem so fremd.

Aber Kinder sagen auch mal gerne, dass sie kein Fleisch mehr essen wollen, und am Wochenende drauf klauen sie das Steak halbroh vom Grill.

Tom ist also noch formbar.

»Die Bayern spielen dieses Wochenende nicht zu

Hause, wir müssen uns ein anderes Spiel aussuchen, wenn wir ins Stadion wollen.«

Hektisch blättere ich im Kicker. Und werde fündig.

»Hier, schau her, wir fahren nach Ingolstadt. Die sind Erster und spielen morgen gegen Union Berlin. Ein Klassiker im deutschen Fußball!«

»Papa«, sagt Tom enttäuscht, »ich will das erste Mal ins Stadion, und du suchst dir ein Spiel aus, bei dem ich keine der beiden Mannschaften kenne. Von den Spielern ganz zu schweigen.«

Ich bin auch selbst von mir enttäuscht. Tom will Fan einer Fußballmannschaft werden, und ich schlage ihm eine Automarke als Alternative vor.

»Ja«, sage ich, »sie können vielleicht nicht ganz so gut Fußball spielen, dafür sind sie bessere Menschen als die Bayernspieler. Bei Götze und Neuer zum Beispiel vergessen die Leute, vor allem die Bayern-Fans, ganz gerne, dass sie ihre ehemaligen Klubs verraten haben.«

»Aber als die beiden für uns die WM gewonnen haben, hast du trotzdem gejubelt. Oder?«

»Ja, aber das ist etwas anderes. Die Nationalmannschaft haben sie ja auch noch nicht gewechselt. Wenn das möglich wäre, würden sie längst für Katar oder Red Bull Österreich spielen.«

Noch während ich mich innerlich über die beiden aufrege, erklärt sich Tom einverstanden, mit mir nach Ingolstadt zu fahren.

Der erste Schritt ist getan. Wenn Tom irgendwann merkt, dass auch Ingolstadt mit seiner Firmentruppe den wahren Fußball unterminiert, kann er immer noch HSV-Fan werden. Wenn es den HSV dann noch gibt.

Am nächsten Morgen will plötzlich auch noch Luzie mit ins Stadion.

Um 10 Uhr fahren wir los, damit wir vor dem Spiel noch zu McDonald's können. Je schöner der Tag für die beiden wird, desto größer ist die Chance, dass sie Fans von Ingolstadt werden. Deshalb sage ich auch nicht »Nein«, als sie das zweite »Happy Meal« fordern.

Vor dem Stadion treffen wir uns mit Andi, einem Ingolstädter Freund, der Tickets für uns besorgt hat. Für drei Eintrittskarten zahle ich weniger als 30 Euro. Dafür gäbe es bei den Bayern einen Parkplatz und drei Snickers. Ich bin jetzt schon ein bisschen Fan.

Andi auch. Und er will nichts hören von dem »Firmenmannschaftsgeschwätz«. Er freut sich einfach, dass er in Ingolstadt ins Stadion kann und guten Fußball sieht.

Das Spiel ist tatsächlich gut, die Stimmung in den Fanblocks ebenso. Von den Union-Fans habe ich das erwartet, von den Ingolstädtern weniger.

Sogar Luzie und Tom grölen »Super Schanzer olé!«.

8008 Zuschauer machen hier wesentlich mehr Betrieb als 70000 in der Allianz Arena. Gut, das ist wohl auf jedem zweiten Dorfsportplatz so.

Beide Mannschaften erspielen sich zahlreiche Chancen und das Spiel endet 3:3. Der Ausgleich für Ingolstadt fällt kurz vor Schluss, das Stadion explodiert. Tom jubelt extrem. Ein bisschen Hoffnung habe ich, dass er ein richtiger Schanzer wird.

Nach dem Spiel gehe ich mit den Kids in den Hirschgarten, wo wir die Tore noch einmal nachspielen. Hinterher gibt es Zuckerwatte, Eis, Spare Ribs, Cola und Brezn. Der Tag soll sich richtig in ihr Gedächtnis einbrennen.

Auf der Heimfahrt bohre ich vorsichtig nach.

»Wollen wir zum nächsten Heimspiel wieder nach Ingolstadt fahren?«

»Nein«, sagt Luzie, »Stehplätze sind doof!«

Hm, das hört sich schon mal nicht nach einer Karriere als Ultra an.

»Tom, was ist mit dir?«, frage ich hoffnungsvoll.

»Können wir machen.« Es hat geklappt, mein Herz macht Luftsprünge.

»Aber«, sagt Tom, »erst gehen wir am nächsten Wochenende in die Allianz Arena.«

Noch einmal erzähle ich ihm vom zweifelhaften Charakter einiger Bayernspieler und der schlechten Stimmung in der kalten Betonschüssel. Davon, dass immer wieder Spieler oder Präsidenten im Gefängnis sitzen.

Ich singe ihm das Schanzer-Lied vor. Dann »Hamburg meine Perle«.

»Wenn du aus München kommst, ziehen wir dir die Lederhosen aus!«, schreie ich durch das Auto.

Im Rückspiegel sehe ich Tom grinsen. Ja, er findet mich süß. Er merkt mir meine Verzweiflung an.

»Papa«, unterbricht er mich, »jetzt übertreib doch nicht. Warum sollte ich Fan einer schlechten Mannschaft werden, wenn ich Bayern München vor der Haustür habe? Mit der schlechten Stimmung im Stadion komme ich klar. Du hast selbst gesagt, dass die Stimmung immer dann gut ist, wenn ein Tor fällt. Ich will dir nicht wehtun, aber denk doch nur einmal an die letzten Spiele des HSV in München.«

Ich kann mich nicht erinnern.

»Findest du es nicht schön, wenn deine Mannschaft gut spielt?«, legt Tom nach.

Ich überlege fieberhaft. Vor mir sehe ich Spieler, die sich hölzern bewegen. Spieler, auf deren Brust »BP« steht. Dann verschwimmt wieder alles.

»Ich weiß es nicht, Tom«. Mir steigen Tränen in die Augen. »Ich weiß es nicht. Keine Ahnung.«

»Sei nicht traurig«, sagt Tom und knufft mich an, »erzähl mir lieber was über die Bienen und die Liebe.«

Ahoi Schnupfen!

Es ist traumhaft, wenn man im Frühling wieder richtig draußen sitzen kann. Wenn man auch noch eine zweite oder dritte Mass trinken kann, ohne dass einem die Lippen blau anlaufen. Wenn sich hübsche Frauen wieder vorteilhafter und Männer wieder unvorteilhafter kleiden. Wenn man freiwillig zum Kicken oder zum Joggen geht. Weil man sich jetzt wieder unvorteilhafter kleidet.

Das Leben könnte so schön sein. Wenn einem dieser Drecksheuschnupfen nicht die Stimmung verhageln würde.

Da ist man nach dem Winter eh schon dick und hässlich, dann übernimmt die Allergie auch noch das Feintuning.

Beim Blick in den Spiegel zucke ich morgens regelmäßig zusammen. Klar, ich schlafe nachts ja auch nicht. Nachts sind Dämmerphasen nur drin, wenn ich mir genügend Drogen reinpresse. Spätestens zwei Minuten nach dem Einnicken werde ich aber zuverlässig von meinem eigenen Schnarchen geweckt. Ich schnarche auch ohne Heuschnupfen schon, wenn ich mehr als 90 Kilo wiege. Und ich wiege nach jedem Winter mehr als 90 Kilo. Mittlerweile auch schon davor.

Das Schnarchen ist so laut, dass es die Hausbewohner zwei Stockwerke über mir deutlich hören können. Manchmal klingeln sie mitten in der Nacht und halten mir Red

Bull, Cola und frisch gebrühten Kaffee unter die Nase. Nur damit ich sicher nicht wieder einschlafe. Oder sie prügeln direkt auf mich ein.

Auch für viele Partnerschaften ist diese Krankheit eine Belastungsprobe. Jeder Heuschnupfenallergiker sollte, sobald er einen potenziellen Partner kennenlernt, wichtige Eckdaten abklären. Eigentlich kann man nur mit einem Leidensgenossen einigermaßen glücklich bis in den Sommer kommen.

Wahlweise kann der Partner auch in einer anderen Wohnung in einem anderen Haus leben. Das Haus sollte nicht in demselben Stadtteil oder besser noch in derselben Ortschaft stehen, wenn man gar nichts vom Schnarchen mitbekommen will.

Ab dem Frühling ist sowieso Schluss mit Kennenlernen und Verlieben. Man ist dann einfach zu hässlich.

Tagsüber bist du die ganze Zeit müde von den Medikamenten, dazu tränen die Augen.

Du schaust permanent so traurig aus, als wäre der HSV abgestiegen oder als hättest du von einer unheilbaren Krankheit erfahren. Ist ja irgendwie auch so.

Viele Freunde laden dich ein und fragen mit besorgten Gesichtern, ob du über deine Probleme reden willst. Dabei kannst du gar nicht reden, weil dein Mund so zugeschwollen ist.

Du willst das Haus nicht verlassen, kein Fenster öffnen. Wenn du doch einmal raus musst, möchtest du am liebsten alle Pflanzen umnieten. Und alle Menschen, die keine Allergien haben. Alle, die grinsend umherlaufen und sich freuen. All diese unsensiblen Idioten!

Seit einigen Wochen besteht jedoch auch für mich Anlass zur Hoffnung. Eine Freundin, Sandra, hat mir den Tipp gegeben, mich desensibilisieren zu lassen.

Durch meinen Kumpel Google habe ich erfahren, dass eine Desensibilisierung gute Erfolgschancen verspricht. Ich stand so nah am Abgrund, dass ich mich zu einer Behandlung durchringen konnte.

Obwohl ich große Angst vor Spritzen habe.

Früher sind immer einige Kumpels mit mir in die Arztpraxis gekommen, wenn ich eine Spritze bekommen habe oder zur Blutabnahme musste.

Nicht, um mir beizustehen, sondern um sich über mich totzulachen. Wenn ich nur eine Spritze sehe, bekomme ich Schweißausbrüche, rutsche unruhig auf meinem Stuhl hin und her und flehe die Arzthelferin würdelos an, doch bitte, bitte vorsichtig zu sein.

Es mag an meinen untrainierten Armen liegen, aber zu oft haben Sprechstundenhilfen diese durchlöchert wie ein Nadelkissen, bevor sie eine geeignete Vene gefunden haben.

Die Heuschnupfenspritzen bekomme ich in den Bauch. Da spüre ich nichts, habe aber immer noch Angst.

Im Moment sitze ich in einem Café und warte auf Sandra, um mit ihr die ersten Behandlungserfolge zu feiern. Unglaublicherweise tränen meine Augen heute nicht. Ich kann es nicht fassen und weine vor Glück.

Als Sandra hereinkommt und fragt, ob es noch nicht besser geworden sei, falle ich ihr um den Hals und bedanke mich.

Ich bin ein bisschen verliebt in sie. Zum einen weil sie mich eventuell vom Heuschnupfen befreit hat, zum anderen, weil sie so gerne Bier trinkt.

»Schaum hat auf einem Kaffee nichts verloren, Schaum gehört aufs Bier!«, lautet einer ihrer Leitsprüche.

Ohne mich zu fragen bestellt sie zwei Bier.

Während wir da so sitzen, realisiere ich, dass mir die herumtollenden Kinder nicht mehr auffallen. Ich höre das Gekreische nicht mehr und muss mich nicht mehr über ihre Mütter aufregen, die sich nicht um sie kümmern, weil sie gerade mit ihrer Freundin irgendeinen unwichtigen Quatsch besprechen müssen.

Gut gelaunt nicke ich den Müttern zu und sage ihnen, wie süß ihre Kleinen sind. Klar sind sie dreckig, sie schreien herum und der Rotz läuft ihnen aus der Nase, aber sie sind doch das größte Wunder des Lebens.

Ich bleibe sogar geschmeidig, als die Bedienung klitzekleine Gläser bringt. Ich habe tatsächlich ein Café ausgewählt, in dem ausschließlich Bier aus 0,3er-Gläsern ausgeschenkt wird. Sandra wirft mir einen vorwurfsvollen Blick zu.

Dann trinkt sie ihr Bier an und gleichzeitig leer. Und erklärt der verdutzten Kellnerin, dass sie bitte immer nach dem Ausliefern des Bieres gleich ein neues in Auftrag geben würde. Ein gut gezapftes Pils dauere schließlich sieben Minuten. Meine Verliebtheit steigert sich ein wenig.

Was ist attraktiver als eine gut aussehende Frau, die auch noch gerne viel Bier trinkt?

An unserem Tisch fährt ein Familienvater mit Inlinern vorbei. Er hat einen Helm auf und schiebt einen Sportkinderwagen vor sich her. Normalerweise würde ich ihn anhalten und ihn zur Rede stellen. Ob sein Kind einverstanden sei, mitten in der Stadt so ein jämmerliches Bild abzugeben. Ob er nicht von seinem Kind respektiert werden wolle. Etwas in der Art.

Aber ich bleibe ruhig und belächle ihn nur. Sandra übernimmt meinen Part und ruft ihm ein feindseliges »Opfer!« hinterher.

Auch mich nennt sie Opfer, weil ich nach vier Pils schon fahren will. Aber so unempfindlich bin ich noch nicht geworden, dass ich mich mit mehr als 1,2 Litern ans Steuer setze.

Sandra möchte ihre Endlosschleife in der Pilsbelieferung noch nicht unterbrechen und bleibt. Ich bewundere sie.

Auf der Heimfahrt höre ich mir die Lillifee-CD an, die ich aus Versehen eingelegt habe. Gar nicht mal so schlecht. Klar haben die Protagonisten sehr piepsige Stimmen, aber sprachlich ist es besser als das, was ich so schreibe.

Ich mag Freundschaftsgeschichten, am Ende, als dieses schöne Fest gefeiert wird, habe ich Tränen in den Augen. Eine tolle heile Welt.

Luzie gegenüber habe ich ein schlechtes Gewissen. Immer hören wir nur Toms »Drei ???«-CDs an, weil ich dachte, dass CDs mit rosa Cover nicht gut sein können. Ich war ein intoleranter und ungerechter Mensch.

Auch den anderen Autofahrern gegenüber. Was hab ich mich bislang immer über sie aufgeregt. Nur weil sie mich rechts überholt oder geschnitten haben.

Am meisten hasste ich die notorischen Mittelspurfahrer. Immer, wenn ich einen sah, also circa alle drei Minuten, legte sich der Amok-Schalter in meinem Hirn um. Ich trat aufs Gas und versuchte, sie durch dichtes Auffahren zum Fahrspurwechsel zu bewegen. Da sie aber für gewöhnlich nicht kapierten, was mein Problem war, blieben sie auf der Mittelspur. Also überholte ich sie, hupte sie an und zeigte ihnen den Mittelfinger. Ist ja auch konsequent: Mittelspur … Mittelfinger.

Heute ist mir bewusst geworden, dass man ohne jegliches Ausflippen einfach links überholen kann. Vielleicht sind Mittelspurfahrer ganz normale Menschen. Menschen, die es gar nicht böse meinen. Es sind womöglich nette Leute von nebenan. Leute, die nur gerne die Mittelspur benutzen.

Ich habe überreagiert, das ist mir jetzt klar. Weil ich einiges gutzumachen habe, werde ich in Zukunft ein netter Verkehrsteilnehmer sein.

Spontan fahre ich auf die Autobahn. Einfach so.

Ich fühle mich spitze, als ich den Fahrern auf der Mittelspur beim Überholen zuwinke.

Gut aussehenden Frauen gebe ich Zeichen, mir zur Raststätte zu folgen, und lade sie auf einen Kaffee ein. Ich entschuldige mich stellvertretend für alle anderen Autobahnrüpel für die Anfeindungen, die sie ertragen müssen. Und für mein eigenes Verhalten im Straßenverkehr. Ich war dumm, ungerecht und dünnhäutig.

Manche der Frauen versprechen zum Abschied, in Zukunft auch gelegentlich auf die rechte Spur auszuweichen. Viele versichern glaubhaft, bislang gar nichts von der Existenz dieser Spur gewusst zu haben.

Bevor ich mich Stunden später auf den Heimweg mache, gehe ich noch schnell am Rastplatz auf die Toilette.

Sie ist sehr dreckig, aber ich beschwere mich nicht bei der Putzfrau. Vielmehr leihe ich mir einen Lappen und einen Schwamm aus und putze alle Herrenklos. Dabei muss ich mich mehrmals übergeben, doch es ist ein euphorisches Kotzen.

Die Putzfrau ist etwas verstört, aber glücklich. Man muss den Leuten, die einem das Leben angenehmer machen, auch mal Dankbarkeit zeigen.

Ich werfe einen Zwanzig-Euro-Schein auf ihr Tellerchen.

»Danke!«, sage ich. »So eine saubere Autobahntoilette hab ich noch nie gesehen.«

Etwas erschöpft falle ich drei Stunden später ins Bett.

Die Kinder haben zuvor noch gestritten, über das von mir zubereitete Essen gemotzt und sich geweigert, vor dem Schlafengehen die Zähne zu putzen.

Ich habe sie nicht angeschrien, sondern zwischen beiden vermittelt, mich für das zugegeben mittelmäßige Essen entschuldigt und die Süßen an den letzten Zahnarztbesuch erinnert. Daraufhin haben wir uns umarmt und die Kinder haben sich noch einmal von den Rohkoststicks nachgenommen. Zehn Minuten später sind sie mit geputzten Zähnen ins Bett und haben mir noch eine Geschichte vorgelesen.

Am nächsten Morgen muss ich wieder zum Arzt. Ich habe die Nacht durchgeschlafen und keinerlei Beschwerden mehr.

Der Herr Doktor entschuldigt sich. »Tut mir leid«, sagt er, »ich habe Ihnen das letzte Mal aus Versehen die dreifache Dosis gegeben. Haben Sie etwas gemerkt? Sind Sie unempfindlicher geworden?«

»Ja!«, rufe ich. »Jetzt wird mir einiges klar.«

Ich überlege.

»Aber können wir bitte die Dosierung wieder auf das normale Maß zurücksetzen? Ich will heute ins Stadion. Am Ende umarme ich noch einen Bayern-Fan.«

Respekt

Zuerst dachte ich mir nichts dabei, als mir mein Vater eröffnete, am 19. Mai 2012 in seinen 80. Geburtstag hineinfeiern zu wollen.

Außer: »Vadder, du wirst 80. Glaubst du, dass du bis zwölf wach bleiben kannst?«

Mein Vater antwortete, dass er mich »Radlertrinker« wohl auch noch mit 100 unter den Tisch saufen würde. Aber es gäbe ein anderes Problem. Er schnaufte noch einmal durch, dann sagte er: »Die Einladungen sind schon draußen und der Saal gebucht. Vorhin hab ich jedoch erfahren, dass am 19. Mai das Champions-League-Finale stattfindet.«

Jetzt musste ich durchschnaufen. Schon seit vielen Jahren interessiert mich das Datum dieses Finales nicht mehr – aus bekannten Gründen. Aber auf ein jedem Geburtstagsfest in Unterfranken sind sicherlich zwei Drittel der Anwesenden Bayern-Fans.

»Das hast du sauber hingekriegt«, antwortete ich nach einer Weile, »du musst deinen Geburtstag verlegen.«

»Daran habe ich auch schon gedacht, aber ich habe nun mal am 20. Mai Geburtstag und an dem Tag selbst ist der Saal schon belegt.«

»Hm«, überlegte ich, »oder du rufst bei der FIFA an und fragst, ob sie das Finale verlegen. Allerdings bin ich nicht sicher, ob die da mitspielen.«

Anscheinend hatte Josefine, die Freundin meines Vaters, mitgehört, denn sie schnappte sich den Hörer und fragte, ob »ich denn nicht einmal am 80. Geburtstag meines Vaters auf ein doofes Fußballspiel verzichten könne.

»Na ja«, schaltete sich mein Vater ein, »ein doofes Spiel ist es nicht gerade.«

Ich wusste, wie sehr es ihn schmerzte, das »Finale dahoam« nicht anschauen zu können. Mir persönlich war das Spiel relativ egal, aber sicher würden nicht alle Gäste so denken.

Christoph Biermann hat die Problematik einmal super zusammengefasst mit dem Buchtitel »Wenn du an einem Spieltag beerdigt wirst, kann ich leider nicht kommen«.

»In deiner Haut möchte ich nicht stecken«, raunte ich in den Hörer. Ich merkte, wie ich seine Vorfreude auf das Fest noch steigerte.

Bevor ich auflegte, gab ich ihm noch den Rat, sich um eine Leinwand oder zumindest einen Fernseher zu kümmern.

Immer wieder bekomme ich zu hören, dass dem Fußball ein zu großer Stellenwert beigemessen wird. Weil die Spieler überbezahlt sind, zu viel Spiele im Fernsehen übertragen werden und auch die Zeitungen zu voll sind mit Fußballberichten.

Über den Verdienst der Spieler kann man streiten, der Rest ist Quatsch. Kein Mensch wird gezwungen, sich ein Europa-League-Spiel von Wolfsburg anzuschauen. Das macht auch keiner, aber zumindest wird so irgendeine niveaulose Talkshow aus dem Programm gedrängt.

Und der Sportteil der *SZ* ist das, was ich am liebsten lese. Wenn nicht gerade über Doping oder die FIFA berichtet wird. Ich mag es nicht, wenn meine Illusionen zerstört werden.

Wer kein Interesse am Fußball hat, soll sich einfach die *Frankfurter Allgemeine* kaufen. Oder die *Gala*.

Ich bin mir ganz im Gegenteil sogar sicher, dass dem Fußball ein zu geringer Stellenwert beigemessen wird. Der Fußballfan wird einfach nicht ausreichend respektiert in Deutschland.

Immer wieder muss ich erleben, dass ich an Tagen mit wichtigen Fußballspielen zu einem Geburtstagsfest oder einer Hochzeit eingeladen werde. Das geht nicht.

Einmal war ich an einem 33. Spieltag auf einer Hochzeit eines Bremen-Fans, ein Jahr später wurde die Chose noch auf die Spitze getrieben. Die nächste Trauung fand während einer WM statt, an einem Deutschland-Spieltag. Ich mag keine Namen nennen, aber beide Male heiratete ein Sebastian.

Der zweite Sebastian hatte zum einen Glück, dass um 15:15 Uhr jeweils alle Spiele zu Ende waren, zum anderen hat Deutschland an diesem Tag gewonnen. Man male sich aus: Deutschland verliert und man muss feiern. Ein Riesenfest wäre das geworden. Ich für meinen Teil jedenfalls hätte sehr viel geweint und mich ungern unterhalten. Von Tanzen oder Lächeln ganz zu schweigen.

Ich ließ nach dem Spiel Jürgen, ebenfalls Hochzeitsgast, an meinem grausamen Gedankenspiel teilhaben.

»Aber Volker«, sagte er allen Ernstes, »ein Fußballspiel kann doch nicht so wichtig sein, wenn ein Freund heiratet.«

Ich wurde sauer. »Er würde nicht heute heiraten, wenn er unser Freund wäre.«

Nein, ganz im Ernst: Was ist denn wichtiger als ein

Deutschland-Spiel bei einer WM? Darauf freue ich mich jeweils vier Jahre. Auf keine Hochzeit habe ich mich jemals so lange gefreut.

Es kann doch nicht so schwer sein, eine Feier zu planen. Man muss doch nur googeln, ob am geplanten Termin ein wichtiges Spiel ansteht. Wenn dem so ist, muss man eben ausweichen. Zumindest wenn man will, dass alle kommen, bleiben und bei der Sache sind.

Natürlich will man seine Hochzeit lieber feiern, wenn es draußen warm ist. Aber das geht eben nicht im Juni oder Juli eines geraden Jahres.

Zwei Wochen vor dem Fest meines Vaters riefen mich meine Neffen Max und Marcel an. Geschockt erzählten sie, dass ihr Opa die Feier ohne Fernseher plane. Ja, auch ohne Leinwand. Und dass sie die Idee hätten, ihm einen Fernseher zum Geburtstag zu schenken. Wir würden ihn schon um 20 Uhr überreichen und direkt im Festsaal aufbauen. Damit wir ihn, falls er nicht funktionierte, gleich wieder mitnehmen und umtauschen könnten. Und wenn er dann schon mal liefe …

Ein genialer Plan, wie ihn nur Fußballfans aushecken können.

Bei so viel Enthusiasmus konnte ich nicht anders, als einen hohen Betrag in Aussicht zu stellen.

Heimlich riefen wir alle anderen Geladenen an, die bereits unter Angabe fadenscheiniger Gründe abgesagt hatten. Plötzlich hatten alle doch Zeit und wollten sich am Geschenk beteiligen, um ein paar Zoll mehr herauszuholen.

Am Ende hatten wir so viel Geld beisammen, dass wir überlegten, einen Beamer zu kaufen, aber die Leinwand käme vor der abgefahrenen Siebzigerjahre-Schrankwand bestimmt nicht gut zur Geltung.

Am Nachmittag der Feier war die Stimmung nicht gerade am Überschwappen. Die Bayern-Fans dachten die ganze Zeit an 20:45 Uhr und konnten sich nicht recht auf den Smalltalk konzentrieren, das restliche Drittel regte sich über die Bayern-Fans auf.

Gegen 20 Uhr schrie Max: »Überraschung, Opa! Ich mach dein Geschenk schon mal auf!«

Sofort hingen 15 Männer an einem Karton, und nach vier Minuten stand das Ding. Auch mein Vater schien sich zu freuen.

Blöd war nur, dass wir im Keller des Gasthofes feierten und ums Verrecken keinen anständigen Empfang hinbekamen. Blöd war dies vor allem für die Party, weil kurze Zeit später mehrere Autos vom Hof rollten. Mein Vater hatte uns wortlos seinen Hausschlüssel in die Hand gedrückt und uns zugenickt. Dann hatte er sich traurig wieder hingesetzt. Witzig.

Wir waren echt froh, das Spiel sehen zu können, aber das schlechte Gewissen quälte uns. Deshalb fuhren wir in der Halbzeitpause zurück zum Gasthaus, um uns wenigstens kurz blicken zu lassen und ein paar Schnäpse zu trinken.

Nur mein Vater war nirgends zu sehen.

»Wo ist Amand?«, fragte ich nach.

Jetzt verdrehten alle die Augen. Meine Tante Rosa riet uns, es einen Stock höher zu versuchen.

Tatsächlich fanden wir ihn da, inmitten einer Hochzeitsgesellschaft. Ich hätte laut losgelacht, wäre ich nicht so ein anständiger Mensch. Außerdem wollte ich hier bleiben und nicht rausgeworfen werden. Aber das Bild, das sich mir bot, war einfach zu lustig: In einer Ecke des Raums saßen alle Männer vor einer riesigen Leinwand, in der anderen Ecke saßen die Frauen um die heulende Braut und redeten tröstend auf sie ein.

Leid tat sie mir nicht. Wenn man verliebt ist, kann man Fehler machen. Es kann passieren, dass man seine Hochzeit auf den Tag des Champions-League-Finales legt. Aber dann muss man eben wieder aufstehen, die Krone richten und den Fußball zum Bestandteil des Festes machen. Sich dagegen an der Hochzeit hinzusetzen, zu weinen und allen die Laune zu verderben, das ist unterste Schublade.

Besonders laut hörte man sie schluchzen, als in der letzten Minute der Ausgleich fiel. Diese Verlängerung hatte sich die Braut meiner Meinung nach redlich verdient.

An das Spiel kann sich jeder noch gut erinnern, nach dem Elfmeterschießen heulten auch der Bräutigam und seine Kumpels. Alles in allem ein verheißungsvoller Beginn einer Ehe. Es würde mich wundern, wenn sie heute noch zusammen wären.

Auch im Keller war die Stimmung nach dem Spiel im Keller. Meine nicht. Manchmal ist es richtig schön, kein Bayern-Fan zu sein.

»Beim Neunzigsten pass ich besser auf«, versprach mein Vater. »Und danke für den Fernseher, Volker!«

Kein einfacher Mann

Ich musste sofort an Hubert denken. Nur ihn konnten sie meinen im Radio:

»Gesucht wird ein etwa 45-jähriger Motorradfahrer, der, nachdem er von einem LKW-Fahrer durch dessen Spurwechsel zu einem abrupten Bremsmanöver gezwungen wurde, diese Situation zum Anlass nahm, den Brummi-Fahrer auszubremsen, seine Maschine vor dem Lkw querzustellen, den Fahrer aus der Kabine zu ziehen und schwer zu verprügeln.«

Der Vorfall hatte in Franken, nahe der Ausfahrt Estenfeld, stattgefunden, auch räumlich passte also alles.

Ich kenne Hubert seit meiner Jugend, allerdings hatten wir nur sporadisch miteinander zu tun. Was mich nicht davon abhielt, ihn zu bewundern. Man musste ihn einfach bewundern für seine Art, Situationen zu lösen.

Hubert legte dabei eine Klasse an den Tag, die mich sehr bescheiden werden ließ.

Situation 1:
Huberts und mein gemeinsamer Kumpel Dirk läuft den Schlossberg in Rimpar hinunter. Als er bemerkt, dass da gerade Hubert mit seinem Auto an ihm vorbeischießt, ruft er

ihm ein »Servus!!!« hinterher. Da Hubert, wie bereits angedeutet, relativ zügig unterwegs war, erkennt er erst am Fuße des Berges, wer da gerufen hat.

Reaktion eines einfachen Mannes:

Eventuell erinnert er sich beim nächsten Aufeinandertreffen an die Situation und erklärt Dirk, dass er ihn leider zu spät erkannt habe. Normalerweise aber vergessen beide die Begegnung sofort.

Huberts Reaktion:

Er legt eine Vollbremsung hin, die Bremsspur ist länger als zehn Meter. Dann legt er den Rückwärtsgang ein, fährt mit quietschenden Reifen den gesamten Berg rückwärts hoch und hält auf Dirks Höhe. Hektisch kurbelt er seine Scheibe runter, schreit »Servus Dirk!!!«, legt den ersten Gang ein und fährt mit quietschenden Reifen wieder weg.

Situation 2:
Huberts Auto wird es wohl nicht mehr durch den nächsten TÜV schaffen. Eine Reparatur wäre zu aufwendig. Auch die Reifen befinden sich in keinem guten Zustand. Kurzum, das Auto muss verschrottet werden.

Reaktion eines einfachen Mannes:

Er bringt das Auto zum Schrottplatz.

Huberts Reaktion:

Zusammen mit Kumpel Keller fährt er das Auto zu einem Feldweg, der in eine kleine Schlucht führt. In der Schlucht bauen sie eine Schanze. Dann setzen sie sich ins Auto, ziehen Motorradhelme auf und brettern mit 80 Stundenkilometern über die Schanze.

Später erzählt er: »Mir haben uns dreimal überschlagen und geblutet wie die Schweine, aber geil war's!«

Situation 3:
Hubert lag die ganze Woche mit Grippe im Bett. Er ist krankgeschrieben. Am Samstag hat seine Footballmannschaft, die Würzburg Pumas, ein Bundesliga-Heimspiel. Hubert ist ein Leistungsträger der Mannschaft.

Reaktion des einfachen Mannes:

Er sagt dem Trainer ab, eventuell setzt er sich in Zivil auf die Auswechselbank, um die Truppe wenigstens moralisch zu unterstützen.

Huberts Reaktion:

Nach der Einnahme einiger Medikamente fühlt sich Hubert in der Lage, der Mannschaft helfen zu können. Er spielt am Samstag und wird zum Matchwinner.

In der Montagsausgabe der *Main Post* huldigt man ihm. Auf einem Foto ist Hubert mit schmerzverzerrtem Gesicht zu sehen. Mit ihm auf dem Bild zwei gegnerische Spieler.

Dazu die Unterschrift: »Hier sehen wir Hubert B. bei seinem dritten Touchdown, bei dem er die letzten 20 Meter mit zwei Gegenspielern auf dem Rücken zurücklegte.« Das Bild war das Skurrilste, das jemals in der *Main Post* abgebildet war. Sein Chef bewies nicht den geringsten Sinn für Humor und gab ihm seine Papiere.

Situation 4:
Wir sind auf dem Weg zu unserer Schulfaschingsfete im Friedrich-Koenig-Gymnasium. Am Würzburger Bahnhof treffen wir die Estenfelder.

Hubert hat eine Flasche Wodka dabei. Eine halbe Flasche. Also vom Inhalt her, die Flasche war schon noch ganz. Auf der anderen Straßenseite läuft eine Gruppe Vierzehnjähriger vorbei.

Sicher denkt sich der Junge nichts dabei, als er ruft: »Ey, darf ich mal trinken?«

Reaktion des einfachen Mannes:

Er beachtet den Jungen nicht oder befiehlt ihm knapp, die Klappe zu halten.

Huberts Reaktion:

Er sprintet über die Straße. Hubert ist bekanntermaßen American-Football-Bundesligaspieler. Er ist extrem muskulös und drahtig.

Aber Hubert ist auch ein netter Kerl. Wir wissen, dass er niemals einen 14-Jährigen schlagen würde, dennoch haben wir Angst. Zu Recht.

Als er den Jungen erreicht, nimmt er ihn in den Schwitzkasten, lässt sich auf die Knie fallen, führt dem armen Kerl die Flasche an den Hals und schreit: »Saauuuuuuuuf!!!«

Hubert nimmt die Flasche erst weg, als sie leer ist. Es ist lustig, sich die Gesichter seiner Eltern vorzustellen, als der Junge volltrunken daheim einläuft.

Vor allem, wenn er am nächsten Morgen weinerlich erzählt, dass ihn ein Mann in der Würzburger Fußgängerzone gezwungen habe, einen halben Liter Schnaps zu trinken.

Situation 5:
Hubert arbeitet als Trockenbauer in einem Haus, um dessen Bausubstanz es nicht mehr zum Besten steht. Deshalb kracht er durch die Decke und landet unsanft eine Etage tiefer.

»Hubert, geht's dir gut?«, rufen die Arbeitskollegen von oben, als Hubert inmitten der Trümmer liegt.

Reaktion des einfachen Mannes:

Er stöhnt, spürt seine Beine nicht mehr und verlangt nach einem Notarzt. Wenn er noch nicht bewusstlos ist.

Huberts Reaktion:

Er steht unbeeindruckt auf, klopft sich den Staub aus den Klamotten und sagt folgerichtig staubtrocken: »Passt schon! Ich hab beim Football schon härtere Checks einstecken müssen!«

Immer, wenn ich an Hubert denke, beschließe ich, meinen Mitmenschen auch etwas Coolness und Sensation in meine Aktionen zu legen. Begegnungen mit mir etwas attraktiver zu gestalten.

Wenn ich das nächste Mal im Biergarten gefragt werde, ob ich noch ein Bier will, könnte ich mit den Fingern schnipsen und dann nach oben zeigen. Der amtierende Pyrotechnik-Weltmeister würde für mich ein Feuerwerk von einem Feuerwerk zünden. Nach 10 Ahs und Ohs allerorten würden die letzten 200 Raketen die Worte »Ja, gerne« in den Himmel schreiben.

Oder wenn ich bei der Arbeit gefragt werde, ob es dieses Buch auch als Taschenbuch gibt, könnte ich grimmig schauen, die Buchdeckel abreißen und trotzdem den Preis des Hardcovers verlangen.

Man könnte so leicht etwas mehr Würze in unser aller Leben bringen.

Zu meiner Enttäuschung war es nicht Hubert, der dem Brummifahrer eine Lektion erteilt hatte, wie ich später herausfand.

Bei intensiverem Nachdenken wird einem aber auch klar, dass Hubert wohl nicht so gewöhnlich reagiert hätte. Wahrscheinlich hätte er den Verkehrsrowdy mit seinem eigenen Sicherheitsgurt an die Leitplanke gefesselt und gezwungen, 100 Mal den Satz »Ich passe in Zukunft besser auf Motorradfahrer auf!« zu wiederholen. Oder so ähnlich.

Die Fahrt ist das Ziel

Vor dem Studium kann man sich schon noch einmal einen asozialen Urlaub gönnen. An der Uni in Bamberg würde ich früh genug zum Vorzeigestudent werden. Ich würde viel mit Kunsthistorikern unternehmen und mit Frauen über den neuen Woody-Allen-Film parlieren.

Ein letztes Mal wollte ich mich eine Woche lang betrinken, Mädels verrückt machen und Spaß haben. Ich musste nach Calella oder Lloret de Mar, wie auch schon die Jahre zuvor.

Mit den Mädchen hatte es da zwar noch nicht so geklappt, aber irgendwann musste auch mir der Durchbruch gelingen.

Im Vorjahr hatte ich zwar eine wunderschöne Frau kennengelernt, ging aber nicht wirklich in die Offensive und belaberte sie nur. Als ich irgendwann Getränke holen ging, stellte sich ein Spanier zu ihr, flüsterte ihr etwas ins Ohr, dann verließen beide händchenhaltend die Disko. Jetzt wusste ich, dass sich Menschen, die dort Urlaub machen, nicht primär unterhalten wollen.

Umso schockierter war ich, als mir Knacki am Vorabend des Urlaubs eröffnete, dass wir an die Côte d'Azur fahren würden. Ich hatte Knacki zwar zugesagt mitzukommen, hatte aber nicht nachgefragt, wohin die Reise gehen würde. Jeder Franke in unserem Alter fuhr seinerzeit nach Calella oder Lloret de Mar. Deshalb hatte ich auch schon 100 Mark in Peseten umgetauscht.

»Wo wollen wir da schlafen?«, fragte ich nach. »Eine Woche Hotel mit Vollpension für 150 Mark wie in Calella werden wir da schwer finden.«

»Ich hab keine Ahnung, aber wir werden uns schon was einfallen lassen«, beruhigte mich Knacki. »Sonst schlafen wir im Auto oder am Strand.«

Ja, klar. Es würde den Nizzaern oder Nizzarern oder Nizzanern – den Südfranzosen halt – sicher gut gefallen, wenn drei Estenfelder und ein Rimparer im Schlafsack am Strand schlafen, während sie morgens mit ihrem Chihuahua Gassi gehen.

Außer Knacki waren Keller und Hopf mit von der Partie. Alle drei hatten die Hubert-Schule durchlaufen und waren gewillt, auf der Reise das Gelernte umzusetzen.

Wir kamen erst am späten Nachmittag los, weil Keller, der einzige Berufstätige unter uns, noch so lange arbeiten musste.

Unglücklicherweise hatte Hopf herausgefunden, dass Mailand quasi auf der Strecke lag und ich dort eine Bekannte hatte. Caterina war im Sommer zuvor im Rahmen eines Schüleraustausches in Würzburg und dann in meinem Zimmer gelandet. Für die Jungs war also klar, dass wir am zweiten Abend bei ihr übernachten würden. Leider fiel mir nicht sofort ein, wie ich das würde verhindern können.

Meine Ängste verlagerten sich jedoch recht schnell. Knacki fuhr wie ein Henker. Er schoss mit Minimum 120 über die Landstraße. Wann immer ein langsameres Auto vor ihm auftauchte, überholte er. Es schien ihn dabei nicht zu interessieren, ob eine Kurve oder ein Hügel vor uns lag.

»Wenn ein Auto entgegenkommt, kann ich immer noch bremsen.« Er grinste mich an. »Oder der, den wir überholen. Auch der, der entgegenkommt, könnte noch ausweichen. Da gibt es einige Optionen.«

Mir wurde schlecht, ich klammerte mich am Haltegriff der Beifahrertür fest und hoffte, diesen nicht vor lauter Anspannung abzureißen.

Meine Angst wurde noch einmal größer, als es dunkel wurde. Nicht, weil ich auch noch Angst vor der Dunkelheit habe, aber so würde ich es nicht einmal merken, wenn mein Tod kurz bevorstand. Ich würde einfach so aus dem Leben gerissen werden.

»Sorry Cattle«, würde Knacki im Himmel zu mir sagen, »ich dachte, der Sattelschlepper würde ausweichen.«

Dann waren wir da. Ich war unglaublicherweise dank der Bierchen kurz eingeschlafen und nun sehr überrascht, dass wir an diesem Ort »da« sein sollten.

Es war stockdunkel und ich zitterte schon beim Aussteigen. Ich war mir sicher, dass hier irgendwo Schnee liegen musste. Wahnsinn, wo man überall landen kann, wenn man sich die Mautgebühr sparen will. Wir mussten noch mitten in den Alpen sein.

»Ist es wichtig für euch, am höchsten Punkt Europas zu übernachten?«, fragte ich.

»Eigentlich nicht«, sagte Knacki, »aber die Serpentinen hier hoch waren echt ätzend. Außerdem habe ich einen Sixpack leergetrunken. Nicht dass ich plötzlich anfange, leichtsinnig zu überholen.«

Alle Estenfelder lachten sich kaputt. Ob sie sich wohl heimlich über mich lustig gemacht hatten? Hatten sie bemerkt, dass ich mich in den Schlaf geweint hatte?

»Hier kann man nicht leichtsinnig überholen«, echauffierte ich mich, »hier gibt es keine anderen Autos. Höchstens Yetis.«

Da hatten sie sich echt ein gemütliches Fleckchen ausgesucht. Wir warfen uns die Schlafsäcke über die Schultern und machten ein Feuer. Ich konnte es nicht fassen, wie kalt es war. Auch das klamme Holz brannte suboptimal. Noch in 100 Jahren würden sie am Stammtisch von den Idioten erzählen, die auf dem Weg in den Pfingsturlaub erfroren sind.

Dennoch war es Knacki und mir zu unmännlich und peinlich, im Auto zu schlafen. Wir holten die Isomatten und legten uns auf die Wiese. Ich war so fertig, dass ich sofort einschlief.

Wach wurde ich Stunden später vom Regen, der auf das Autodach prasselte. Ich konnte meinen Schlafsack kaum zum Auto tragen, so schwer war er vom Regenwasser.

Klasse, jetzt konnte ich mich nicht einmal mehr zudecken. Ich zitterte so stark, dass mir vom Zittern fast schon wieder warm wurde.

Knacki war härter im Nehmen und blieb bis zum Morgen im Schlafsack liegen. Das rächte sich, als wir kurz darauf weiterfuhren. Er raste die Serpentinen hinunter und konnte anscheinend mit seinen durchgefrorenen Armen nicht schnell genug lenken.

Jedenfalls knallten wir gegen eine Felswand. Der Kotflügel war komplett eingedrückt. Knacki war dermaßen sauer, dass sich der Mechaniker im nächsten Kaff nicht traute, etwas für das Ausbeulen zu verlangen. Aus einer Fanta-Plastikflasche schnitzten wir kurzerhand einen neuen Blinker, und weiter ging's.

Ich hatte es verdrängt, aber wir fuhren tatsächlich nach Mailand. Mitten nach Mailand rein. Caterina lebte natürlich noch bei ihren Eltern, in einer wahrhaft noblen Gegend. Ich hoffte, dass ihre Eltern locker drauf waren, etwas hippiemäßig vielleicht.

Glück durchströmte mich, als ich auf das Klingelbrett blickte. In dem hübschen Altbau lebten mindestens 20 Parteien und auf den Klingeln standen keine Namen, sondern nur Ziffern.

»Schöne Scheiße!«, sagte Hopf, und starrte die Klingeln an, als würde er versuchen einen Code zu entschlüsseln. »Welche Zahlen würden denn zu ihr passen?«

Gleichzeitig bequatschte Keller den Pförtner mit Händen und Füßen, uns zu helfen.

»She's his big love!«, hörte ich ihn ausrufen. O Gott!

Der Pförtner hatte Mitleid und half uns. Er half uns, die Ausgangstür zu finden. Ich war ihm so dankbar und wollte nur weg von hier.

Als ich erleichtert die Tür öffnete, stand Caterina vor mir. Sie schaute ziemlich doof aus der Wäsche. Wir hatten uns natürlich nicht angekündigt.

Obwohl die Jungs sie noch nicht kannten, begrüßten sie sie wie eine 30 Jahre verschollene Schwester. Sie war so verdattert, dass sie uns mit nach oben nahm.

Als ihre Mutter die Wohnungstür öffnete, war wohl auch den Estenfeldern klar, dass wir hier nicht würden schlafen dürfen. Schon der Flur war riesengroß, der Marmorboden glänzte, überall standen Antiquitäten herum.

Nachdem Caterina ihrer Mutter alles erklärt hatte, schaute diese zwar immer noch fassungslos, aber verteilte wortlos vier Paar Überschuhe, wie man sie bei Wohnungsbesichtigungen bekommt. Die Botschaft war klar: Besichtigen ja, bleiben nein!

Auch der Vater war überrascht, an einem gewöhnlichen Mittwochmorgen Besuch aus Deutschland zu bekommen. Stinkenden Besuch.

Die Situation war surreal. Auch heute noch kann ich es kaum glauben, dass ich mit Knacki, Keller und Hopf bei einer sehr wohlhabenden Mailänder Familie am Kaffeetisch gesessen habe. Mit Überschuhen an den Füßen und mit abgespreizten kleinen Fingern an der Kaffeetasse.

Irgendwann fragte der Familienpatron, in welchem Hotel wir abgestiegen seien.

»Die drei anderen schlafen im Wohnzimmer, ich bei deiner Tochter im Bett!«, schrie ich. Nicht.

»Im Auto«, sagte Knacki kleinlaut. Alle schienen erleichtert, der Vater verließ das Zimmer.

Als wir ausgetrunken hatten, kam Caterinas Vater zurück.

»Unten steht ein Taxi«, sagte er. Also sagte er natürlich nicht, denn er sprach ja Italienisch. Aber Caterina übersetzte.

»Unten steht ein Taxi«, sagte er also auf Italienisch. »Das fährt euch zu einem Hotel. Es ist bereits bezahlt.«

Kommt aber nie mehr hierher und lasst meine Tochter in Ruhe, schien er im Geiste dazuzufügen.

Wir kamen uns schäbig vor, freuten uns aber total.

Am Abend gewannen wir auf dem Mailänder Domplatz mit dem AC Milan den Europapokal der Landesmeister. Während auf der Riesenleinwand Gullit und van Basten Steaua Bukarest 4:0 zerlegten, knutschte ich 90 Minuten lang mit Caterina. Keiner konnte mir den Vorwurf machen, ich hätte zu viel geredet. Vergeblich hoffte ich auf eine Verlängerung, aber Caterina ging nach Hause. Obwohl ich ihr ein echt schönes Hotelzimmer hätte bieten können. Papa hatte sich nicht lumpen lassen.

Die Nacht war trotzdem wunderschön, weil warm und trocken. Nach dem Aufwachen fuhren wir mit dem Taxi wieder zurück zur Wohnung der Familie, um unser Auto zu holen.

Wir verzichteten darauf, auf ein schnelles Frühstück hoch zu gehen. Mit Sicherheit hätte uns auch niemand die Tür geöffnet. Obwohl uns der Vater noch das heutige Taxigeld schuldete. Na ja, Schwamm drüber.

Auf der Fahrt nach Frankreich wurde ich auf der Beifahrerseite etwas lockerer. Knacki fuhr zwar nicht etwa vorsichtiger, aber zumindest rasten jetzt alle Verkehrsteilnehmer so, und bald wechselten wir auf die Autobahn.

Als ich gerade richtig ruhig geworden war, lösten die Estenfelder eine Situation auf eine Art, die Hubert vor Stolz hätte platzen lassen.

Die lustigen Vögel mussten auf die Toilette. Da es auf den französischen Rastplätzen nur diese unsäglichen Stehklos gab, setzte Knacki den Blinker und nahm die nächste Ausfahrt. Wir fuhren zu einem Campingplatz und gingen an die Rezeption. Die Chefin sollte uns die Mobile Homes zeigen.

Zuerst verstand ich nicht, weil wir doch eigentlich an die Côte d'Azur wollten, dann erklärte mir Knacki, ich solle die gute Frau mindestens 20 Minuten lang beschäftigen und viele Fragen stellen. Während ich mich also herumführen ließ und alles, aber auch wirklich alles über das Mobile Home in Erfahrung brachte, benutzten die Jungs nacheinander die Toilette.

Sie hatten vorher ausgelost, wer als Erster durfte und wer als Letzter musste. Erst der Letzte durfte spülen. Die Dame merkte ziemlich schnell, was die Stunde geschlagen hatte, wahrte aber die Fassung und sprach auf der Terrasse weiter.

Nachdem auch Keller die Toilette besichtigt hatte, bedankte er sich bei der Frau, sagte aber, dass wir uns das Teil leider nicht leisten könnten, und wir setzten unsere Reise fort. Ich hoffte inständig, dass er wirklich gespült hatte, war aber zu feige nachzufragen. Eher fragte ich mich, wie jemand auf die Idee kommen kann, so spektakulär aufs Klo zu gehen.

Blöde Begleiterscheinung dieser Aktion war, dass das Auto erheblich leichter und dadurch noch schneller wurde.

In Windeseile waren wir an der Côte d'Azur. Komischerweise kann ich mich an den Urlaub dort nicht mehr detailliert erinnern.

Ich hatte mir ja vorgenommen, möglichst viel zu trinken, zu feiern und zu flirten. Den ersten Vorsatz erfüllten wir alle vier zu meiner vollsten Zufriedenheit, die beiden anderen Punkte stellten uns vor größere Probleme.

Zum Feiern muss man ausgehen, zum Ausgehen braucht man Geld. Natürlich hätten wir uns die Clubs in Cannes und Nizza leisten können. Aber eben nur einmal, dann hätten wir nach Hause fahren müssen.

Also haben wir uns an den Abenden immer kaltes Bier gekauft und es an diversen Stränden getrunken. Irgendwie fallen biertrinkende, herumgrölende Franken nicht ins Beuteschema der dortigen Urlauberinnen. Die Urlauberinnen allerdings auch nicht in unseres. Sie waren zumeist um die 40, liefen in Stilettos herum und hatten Goldbeschläge an den Handtaschen. Da fand ich Keller noch attraktiver, der die Haare damals lang trug.

Nur an jenem Abend in dieser Bucht bei Saint-Tropez schöpfte ich kurz Hoffnung.

Gegen 22 Uhr hielt plötzlich ein Auto mit deutschem Kennzeichen. Zwei engelsgleiche Mädchen stiegen aus und fragten, ob sie sich zu uns ans Lagerfeuer setzen und dann im Auto neben uns übernachten dürften. Sie hätten Angst vor Verbrechern und wollten beschützt werden. Vor uns hatten sie komischerweise keine Angst.

Wir kümmerten uns rührend um sie, zwei Stunden später legten sie sich jedoch wirklich in ihr Auto. Alleine.

Wir waren kurz enttäuscht, uns aber auch sicher, dass sie am nächsten Tag unserem Charme erliegen würden.

Leider kam es nicht dazu, weil die Mädels von einem Franzosen abgeholt wurden. Einem muskulösen, braun gebrannten Sunnyboy, der mit einem riesigen Pick-up samt Jetski auf der Ladefläche aufkreuzte. Knacki stellte sich noch vor seinen Fanta-Blinker, aber es nutzte nichts.

Es war wie in einem amerikanischen College-Film. Zum Helfen bei den Hausaufgaben und für intellektuelle Gespräche sind die dicken Brillenträger gut genug, ins Bett geht's dann aber mit dem Quarterback.

Der Urlaub war zwar sehr schön, aber alle waren auch froh, als wir uns auf den Heimweg machten.

An die Fahrt kann ich mich wieder sehr gut erinnern.

Kurz vor der italienischen Grenze stellte Keller fest, dass er Hopfs Ausweis verloren hatte, und wurde panisch. Als der Zöllner dann wirklich nach dem fehlenden Pass fragte, flippte Keller aus.

Er beugte sich über Knacki hinweg aus dem Fahrerfenster und schrie aus vollem Halse: »Wir müsse schaff! Wir müsse am Montag alle wieder schaff!«

Anscheinend hatte Keller Angst, wir würden sofort eingesperrt und jahrelang festgehalten werden.

Der arme Zollbeamte war so eingeschüchtert, dass er uns durchwinkte. Er wollte einfach überleben.

An der Grenze zur Schweiz saß mittlerweile Keller am Steuer. Er war so nervös, dass er den Audi direkt vor dem Schlagbaum absaufen ließ. Keller konnte das Teil nicht mehr starten.

Bestimmt fünf Zöllner blickten uns grimmig an, hinter uns hupten die anderen Autofahrer. Jetzt waren auch Knacki, Hopf und ich so verstört, dass wir einfach wie paralysiert sitzen blieben. Uns fehlte lediglich ein Ausweis, aber wir kamen uns vor, als hätten wir den Kofferraum randvoll mit Kokain und Leichenteilen.

Nach zwei quälend langen Minuten stiegen zehn Rentner aus dem Bus hinter uns und schoben uns über die Grenze.

Die letzte Hürde war überwunden, glücklich kam ich zu Hause an. Vor allem war ich deshalb glücklich, weil den Jungs die Autobahntoiletten auf der Rückfahrt gut genug waren.

Im nächsten Sommer, so viel war klar, wollten wir nach Calella.

Locker Radeln

»Ich weiß nicht, wieso ich euch so hasse, Fahrradfahrer dieser Stadt«, heißt es im Lied *Freiburg* der vielleicht besten deutschen Band, Tocotronic.

Ich hasse Fahrradfahrer nicht direkt. Klar kann ich sie nicht ernst nehmen mit ihren Fahrradhelmen, ekelhafter, eng anliegender Kleidung und ihrem Getue vom Stundenschnitt und den gefahrenen Höhenmetern.

Letztlich kenne ich aber viele Radfahrer, die ich trotzdem mag. Sollen sie tun, was sie für richtig halten. So tolerant bin ich.

Vielmehr hasse ich es, selbst Fahrrad zu fahren. Und ich habe keine Ahnung, woher das rührt. In meiner Kindheit hat es mir noch gefallen. Zuerst hatte ich eine Art BMX-Rad, dann ein cooles Rennrad. Ich legte Strecken von maximal zwei Kilometern zurück, weil ich auch damals schon sehr behäbig war.

Etwa seit meinem dreizehnten Lebensjahr besitze ich nur noch Kackräder, an denen pausenlos etwas kaputtgeht. Einerseits ärgert mich das, andererseits bin ich dann immer erleichtert. Weil ich selbst nichts reparieren kann und will, dauert es oft Jahre, bis die Räder wieder fahrbereit sind.

In der Zwischenzeit gehe ich kürzere Strecken zu Fuß, für längere nehme ich das Auto.

So ist man zwar etwas einsamer, aber wenigstens lädt

dich keiner zu einer Fahrradtour ein. Die womöglich noch nicht einmal in den Biergarten führt.

Trotz meiner Abneigung gebe ich dem Fahrrad eine Chance und lasse es entweder herrichten oder kaufe direkt ein neues. Zwei Wochen später steht es kaputt im Keller oder irgendwo an einem S-Bahnhof.

Denn da meine Kondition nicht die beste ist, fahre ich mit dem Fahrrad nicht den ganzen Weg zur Arbeit, sondern nur zum S-Bahnhof. Auf dem Rückweg habe ich dann meist vergessen, dass ich es dort abgestellt hatte, und erinnere mich oft erst Wochen oder Monate später daran. Und da ich morgens von drei verschiedenen S-Bahnstationen starten kann, weiß ich zudem oft nicht mehr, an welcher ich es geparkt habe. Weil ich davon ausgehe, dass es nach so langer Zeit wahrscheinlich eh schon geklaut ist oder versteigert wurde, unternehme ich dann gar nichts, um es wiederzufinden.

Ähnlich geht es mir mit Taschenkalendern. Ich kaufe mir jedes, aber auch jedes Jahr, einen schönen, teuren Kalender, um mich endlich besser organisieren zu können. Am Tag des Kaufs bin ich auch voll motiviert und schreibe einige Termine hinein. Danach schlage ich ihn nie mehr auf, habe aber immer ein schlechtes Gewissen, wenn ich ihn sehe.

Ich kann keinen Kalender und kein Fahrrad unterhalten. Auch weil sie mich nicht unterhalten, sondern langweilen.

Vielleicht hängt mein Hass auch mit meiner letzten Fahrradtour zusammen, die definitiv auch die letzte meines Lebens war. Ich war ungefähr halb so alt wie jetzt und trotzdem schon erwachsen. Das macht mich traurig, ist aber ein anderes Thema.

Es war eine dieser Phasen, in der ich dem Rad eine Chance geben wollte.

Klafke hatte sich gerade ein 6000-Mark-Cannondale-Fully gekauft und ich war neidisch. Kurz nach dem Abbruch meines Studiums hatte ich nicht einmal 600 Mark, um mir ein mittelmäßiges Rad zuzulegen. Eigentlich auch keine 60 Mark.

Trotzdem kaufte ich Bastis Rad. Er hatte es selbst zusammengebaut und wusste wohl, wie schlecht es war. Er hatte jedoch wahnsinnig breite Reifen montiert und es neonorange lackiert. Das gefiel mir.

Ich wollte sofort eine Fahrradtour machen. Klafke war überrascht, freute sich aber.

»Ja, lass uns in die Fränkische fahren. Ich habe dort letzte Woche eine Höhle entdeckt, in der wir schlafen können.«

Mit »Fränkische« meinte er die Fränkische Schweiz.

»Äh, Klafke«, sagte ich deshalb, »bis dahin sind es mehr als hundert Kilometer. Ich bin seit meiner Konfirmation quasi nicht mehr Rad gefahren. Hältst du das nicht für etwas übertrieben?«

»Ach was«, motivierte mich Klafke, »nach sechs Stunden sind wir da, kaufen uns Bier und setzen uns in die Höhle.«

»Na dann«, sagte ich, nicht restlos überzeugt. Auch um ein Zeichen gegen die Angeberei meines Vaters zu setzen. Seit Jahren erzählt er mir bei jeder Gelegenheit oder auch ohne Anlass, dass er kurz nach dem Krieg von Würzburg aus zum Oktoberfest geradelt sei. Ohne Gangschaltung.

Also würde ich am Wochenende in die Fränkische Schweiz und vielleicht schon in ein paar Wochen nonstop über die Alpen fahren.

Am Samstagmorgen holte ich Klafke ab. Immer wieder musste ich das Vorderrad auf die Straße drücken, so schwer war mein Rucksack. Neben dem Schlafsack und der Isomatte hatte ich meine Fußballsachen dabei, weil ich am Sonntag nach Bamberg weiterfahren und mit meinen Kommilitonen kicken wollte.

Vor der Abfahrt aß ich eine Banane. Das hatte ich von echten Sportlern abgeschaut. Es sollte meine letzte Aktion bleiben, die nach Sport aussah.

Obwohl, die ersten sieben Kilometer von Veitshöchheim bis Würzburg verliefen problemlos. Dann unterlief mir ein kleines Missgeschick.

Direkt am Hauptbahnhof hatte ich Klafke, der vor mir fuhr, zugeschaut, wie er mit einem legeren Bunny-Hop vom Fahrradweg auf den Bürgersteig wechselte, um einer Gruppe Touristen auszuweichen.

Ich wollte ihm nacheifern, aber mein Rad hob nicht einen Millimeter vom Asphalt ab. Dafür rutschte ich vom Pedal ab, knallte mit dem Damm voll auf die Stange und fiel, vor etwa 50 Zuschauern, spektakulär auf den Gehsteig.

»Nice color, your bike«, sagte einer der amerikanischen Touristen, dann gingen sie weiter.

Klafke checkte nichts und fuhr unbeirrt weiter. Ich hatte sofort große Schmerzen und nicht die Luft, um nach ihm zu rufen.

Er erzählte mir später, dass er erst 500 Meter weiter am Berliner Ring meine Absenz bemerkte und nach mir suchte. Er kehrte um und fragte Passanten nach meinem Verbleib. Bis ihm jemand sagte, dass »da vorne einer liegt«.

Ich hatte meinen Rucksack noch am Rücken und die Embryonalstellung eingenommen. Ich wimmerte vor mich hin, während ich mit beiden Händen mein Geschlechtsteil umfasste. Ja, mit beiden Händen!

Endlich kümmerte sich ein Passant um mich.

»Kann ich Ihnen helfen?«, fragte er. »Tut Ihnen etwas weh?«

»Nein«, antwortete ich. »Ich bin schon sieben Kilometer gefahren und wollte mich nur kurz ausruhen.«

Dann schaute ich ihn so böse an, dass er verschwand. Mit diesen kleinen Händen hätte er mir sowieso nicht helfen können.

Plötzlich hörte ich aus großer Entfernung Klafkes unsympathische Lache, die sich noch steigerte, als ich ihm japsend erzählte, was passiert war.

»Willst du umkehren?«, erkundigte er sich fürsorglich, vermutlich weil auch er am Ende war.

»Spinnst du?«, fuhr ich ihn an. »Wenn ich wegen dieser Drecksfahrradtour schon keine Kinder mehr bekommen kann, will ich sie wenigstens zu Ende bringen und in dieser verschissenen Höhle Bier trinken.«

Was sich wie ein Satz von Chuck Norris anhört, war wohl der größte Fehler meines Lebens.

Schon alleine um wieder aufs Fahrrad zu kommen, brauchte ich mehrere Minuten. Viele der Schaulustigen begleiteten die Prozedur mit rhythmischem Klatschen.

Als ich endlich auf dem Rad saß, merkte ich, dass ich gar nicht in der Lage war zu sitzen. Zumindest nicht normal.

Nach ein paar Kilometern hatte ich die Technik perfektioniert. Ich musste nur nach fünf Mal in die Pedale treten die Arschbacke wechseln. Immer wenn sich Krämpfe ankündigten, fuhr ich im Stehen. Klafke fand das so lustig, dass er immer vor mir radelte, um mich nicht sehen zu müssen.

Es war fürchterlich. Jeder kleine Anstieg brachte mich um. Die erstere größere Pause mussten wir nach nicht einmal einem Fünftel der Strecke einlegen. Ich wechselte das T-Shirt und trank zwei Bier in der Hoffnung, die Schmerzen würden dadurch nachlassen. Das Aufstehen nach der Rast war eine Qual.

Die Schmerzen ließen nicht nach, dafür war ich jetzt auch noch betrunken.

Dies bewirkte, dass wir noch langsamer vorankamen, weil wir beide in regelmäßigen Abständen Lachkrämpfe bekamen und anhalten mussten.

Wir ließen keinen Biergarten aus, tranken überall eine Halbe und kamen erstaunlicherweise gegen halb 8 trotzdem in Forchheim an.

Überall standen Tische im Freien, die Oberfranken ließen es sich gut gehen.

Klafke erinnerte sich nicht mehr genau an die Lage der Höhle und wollte Einheimische nach dem Weg fragen.

Ich musste mein Veto einlegen.

»Klafke«, sagte ich energisch, »der Tacho zeigt 110 Kilometer an. Das macht mehr als 50 Kilometer für jede Arschbacke. Wenn ich jetzt auch noch in einer Höhle schlafe, werde ich sicher sterben. Lass uns ein Zimmer nehmen.«

Klafke war sofort einverstanden, schließlich hatte er schon Weißbier-Witterung aufgenommen.

Wir nahmen das erste Hotel am Platz. Es war mit 100 Mark fürs Doppelzimmer zwar nicht gerade günstig, aber weiter kam ich nicht mehr.

Der Portier schaute uns lächelnd nach, als ich Klafke breitbeinig zum Aufzug hinterherlief. Vorher hatte ich nach Penatencreme gefragt.

Nach dem Duschen fühlte ich mich etwas besser. Obwohl ich mich wieder nur seitlich auf den Stuhl hieven konnte, setzten wir uns in eine Pizzeria am Platz.

Neben vielen Weißbieren bestellte ich eine Pizza Diavolo, auf die ich sehr viel Tabasco schüttete. Ich hoffte, mich dadurch etwas zu betäuben und auch am nächsten Morgen die Schmerzen geringfügig verlagern zu können.

Nach dem Aufwachen fühlte ich aber erst einmal überhaupt nichts mehr.

»Klafke, kannst du bitte nachschauen, ob mein Geschlechtsteil noch dran ist?«

Er lief würgend ins Bad.

Also tastete ich mich selbst ab, selbstverständlich mit beiden Händen. Die Sorge war unbegründet, auch die Schmerzen kamen relativ zügig zurück.

Wie in Trance absolvierte ich die knapp 30 Kilometer bis Bamberg. Ich wollte unbedingt hin und mit meinen Kommilitonen kicken.

Anfangs erschien es mir unmöglich, mit diesem Unterleib Fußball spielen zu können, dann ging es doch irgendwie. Zum ersten Mal in meinem Leben hatte ich mich anständig warmgelaufen.

Ans Spiel habe ich keine Erinnerung mehr, dafür umso mehr ans Ankleiden. Ich hielt die Ungewissheit nicht mehr aus und nach einiger Überwindung bat ich Rolo, meinen Dammbereich kurz in Augenschein zu nehmen. Nach einigen skeptischen Blicken und nachdem ich mit beiden Händen – ihr wisst schon – brachte er es über sich.

Nie werde ich seinen Blick vergessen. Man konnte glauben, er habe den Tod gesehen.

»Ich kann mir nicht vorstellen, dass du das überleben wirst. Bestenfalls kommst du mit einer Amputation davon«, sagte er folgerichtig. Sämtliche von ihm herbeigerufenen Mannschaftskollegen schrien entsetzt auf, als sie die Verletzung inspizierten. Sie lachten nicht einmal.

Ich wurde nervös und ließ mir einen Spiegel reichen. Dann wurde mir im doppelten Wortsinn schwarz vor Augen. Nicht eine blaue Stelle konnte ich ausmachen, alles war schwarz.

Zum Glück war auch Murphy vor Ort. Er lud unsere Räder in seinen Kombi und fuhr mich noch am Abend nach Würzburg in die Urologie.

Auch in der Notaufnahme wurde mein Schambereich zur Attraktion. Bestimmt fünf Ärzten entfuhr ein »Boah!«.

Ausgerechnet eine weibliche Kollegin sagte mir aber, dass ich mir keine Sorgen zu machen brauche, es handle sich nur um eine Prellung. Wenn auch um eine sensationelle.

»Ich empfehle Ihnen lediglich, keine Frau, mit der sie jemals Sex haben wollen, da unten hinschauen zu lassen.«

Hm, charmant ist anders.

Als würde ich, um eine Frau heiß zu machen, immer meine Beine breit machen und sie meinen Damm begutachten lassen.

Ich weiß jetzt wieder, wieso ich euch so hasse, Fahrräder dieser und jeder anderen Stadt!

Vatertag

Was ist dem einfachen Mann denn noch geblieben? Außer dem Stadionbesuch und dem Vatertag?

Ja gut, mittlerweile sitzen ja auch viele »Fans« im Langnese-Familienblock oder machen am Vatertag einen Ausflug mit der ganzen Familie. Zum Weinfest.

Als könnte man sein Kind nicht mit in die Kurve nehmen oder am Vatertag nicht ein einziges Mal im Jahr trinken, was reingeht. Besonders viel schafft man, wenn man bereits am Morgen beginnt.

Es ist so simpel, einen Vater glücklich zu machen. Er darf ausschlafen und wird erst um 10 Uhr von den Kindern geweckt.

Von den kleinen Kindern gibt es Selbstgebasteltes, Nachwuchs ab 16 darf durchaus schon mal eine Kiste Bier besorgen. Darüber freut sich jeder Mann, auch wenn bereits acht Träger im Keller stehen. Es ist die Geste, die zählt.

Nach dem Aufstehen gibt es ein schönes Weißwurstfrühstück, dann muss der Familienteil abgehandelt sein. Jeder hat schließlich das ganze Jahr über Zeit, sich um die Familie zu kümmern.

Der Fantasie sind an diesem Tag keine Grenzen gesetzt. Eigentlich. Wenn man einen Mann jedoch fragt, wie er sich den perfekten Vatertag vorstellt, sagt er zuerst »Hm, viel Bier wäre gut!«, danach überlegt er lange, dann noch ein wenig, bevor er bekräftigt: »Na ja, auf jeden Fall viel Bier!«

Natürlich sollten auch möglichst viele Menschen sehen, wie viel getrunken wird, aus diesem Grund wurde der Leiterwagen erfunden.

In manchen fränkischen Ortschaften sind die Leiterwagen inzwischen so groß und so zahlreich vorhanden, dass man sich mitten in einem Faschingsumzug wähnt. Nur dass die Männer noch um eine Nuance glücklicher aussehen, weil ihre Funkenmariechen nicht mit von der Partie sind.

Leiterwagen sind lässig, ich hingegen spiele zu gerne Fußball, deshalb bin ich gestern wieder nach Olching gefahren. Traditionell treffen sich dort im »Daxerhof« die Thekenmannschaften der »Lucky Strikers«, der »Mother's Little Helper«, der »Kleinen Arschlöcher« und der »Ascherbach Piranhas«.

Ab 13 Uhr gibt es eine gemeinsame Mannschaftsbesprechung, ab 15 Uhr wird Fußball gespielt. Die Mannschaftsbesprechung sieht so aus, dass von 13 bis 15 Uhr Bier getrunken wird. Größten Wert legt man dabei darauf, um 14:59 Uhr eine letzte Runde zu bestellen, um nicht vor halb 4 anfangen zu müssen.

Bereits das Warmlaufen überstehen einige nicht, ohne umzufallen.

Das Fußballspiel schaut aus, wie es die Mannschaftsbesprechung vermuten ließ. Viele Männer, die mit ihren Familien zusammen auf dem Weg zum Weinfest vorbeiradeln, sind, nachdem sie angehalten und ein paar Minuten zugesehen haben, heilfroh, dass sie keinen Arsch in der Hose haben. Die Mütter halten ihren Kindern die Augen zu.

Damit sie Folgendes nicht mitansehen müssen: Bei meinem ersten Ballkontakt rauscht Jocki mit zwei gestreckten Beinen in mich hinein. Es ist eine dieser Aktionen, die auf dem Bolzplatz nicht als Foul gelten, dich aber am Boden liegend daran zweifeln lassen, jemals wieder aufstehen zu können. Selbst in England würde Jocki für diese Grätsche sechs Wochen gesperrt werden. Heute war er einer der Ersten bei der Mannschaftsbesprechung und hat die Handbremse gelöst. Ich vermeide es fortan, auf Jockis Seite anzugreifen. Doch auch aus sicherer Entfernung tut es noch weh, seine Tacklings anzusehen und die Schreie meiner Mannschaftskollegen zu hören.

Nach zehn Minuten unterbricht Daniel das Spiel und verkündet:

»Wir sind 18 Leute und hier stehen vier Kisten Bier. Wenn wir nicht frühzeitig anfangen, schaffen wir es nicht rechtzeitig zum Abendessen zurück in den Daxer!«

Viele können der Argumentation folgen, sodass fortan immer mindestens zwei oder drei Jungs am Spielfeldrand stehen und Bier trinken. Dazu noch diejenigen, die schon vor dem Spiel Verletzungen simuliert haben, um das Trinken nicht unterbrechen zu müssen, und jene, die übermütig ins Dribbling gegangen und Jocki über die Klinge gesprungen sind.

Auch Möhrle, ein 23-jähriger Student und der einzige richtig gute Fußballer unter uns, täuscht schnell eine Zerrung vor. Allerdings nicht, um mehr trinken zu können, sondern einfach, weil er Angst hat. Er ist so schnell, dass jeder Gegner einen Schritt zu spät kommt. Es wäre unwahrscheinlich für ihn, die Partie ohne anschließenden, stationären Krankenhausaufenthalt zu überstehen.

Wir spielen fast zwei Stunden, insbesondere die letzten 15 Minuten sind wohl ein fußballerischer Leckerbissen. Nach einer extrem witzigen Slapstickeinlage von Sven, der als Keeper einen harmlosen Ball spektakulär ins eigene Tor faustet, pfeifen wir das Match ab. Man soll aufhören, wenn es am schönsten ist.

Außerdem haben alle Bierdurst, einige sprinten sogar zum ersten Mal an diesem Tag. Es ist Gold wert, sich nach völliger körperlicher Erschöpfung erst einmal ein Bier reinzustellen.

Überhaupt gibt es nichts Schöneres, als noch im Trikot Bier zu trinken und zu rauchen. Im Fußballverein gab das immer Ärger und Geldstrafen, jetzt im Alter ist man plötzlich frei.

Während bestimmt fünf Leute Jocki anklagend ihre blauen Schienbeine zeigen, wird ein Feuer gemacht. Besser als im Trikot Bier zu trinken und zu rauchen, ist es, im Trikot zu trinken und zu rauchen und am Feuer zu stehen.

Dann geschieht etwas Magisches. Pauli bringt eine Kühltasche, öffnet sie geheimnisvoll, und 18 Köpfe schauen auf 20 Schweinesteaks.

Es wird minutenlang gejubelt, Pauli bekommt Heiratsanträge.

»Ich esse allerdings keines davon, wenn die nicht in Orangen-Ingwer-Marinade eingelegt waren«, sage ich.

»Gibt es keinen Salat dazu?«, fragt Torsten.

Die Stimmung ist ausgelassen, zumal Pauli die Semmeln vergessen hat.

»Ich habe sie nicht vergessen, schließlich wollen wir ja nachher noch Essen gehen«, erklärt Pauli. Der Wirt vom »Daxer« hat uns ein Spanferkel versprochen.

Wir spießen die Steaks auf, braten sie direkt über dem

Feuer und essen sie gleich von den Stöcken. Wie schön muss es damals im Neanderthal gewesen sein.

Nachdem das komplette Bier ausgetrunken ist, fühlen wir uns sehr männlich und sind stolz auf unsere Leistung. Wir belohnen uns mit einer Runde Bier im »Daxerhof«, die meisten bestellen sofort eine Portion Spanferkel mit Knödeln, ohne Salat.

Ich schaue mich um. Der Gastraum hat sich in einen Testosteron-Tempel verwandelt, die einzige Frau ist die arme Bedienung. Wenigstens kann sie sich darauf verlassen, dass sie heute keine Milch aufschäumen muss oder jemand ein Wasser bestellt, welches »aber bitte nicht zu kalt« sein soll.

Als wir draußen beim Rauchen stehen, mit Bier in der Hand und noch immer im Trikot, steht plötzlich ein Fremder in unserer Gruppe. Er sieht aus wie Waynes Kumpel aus »Wayne's World«, mit langen, glatten Haaren unter einer Baseballkappe. Und er ist tatsächlich Amerikaner.

»Hi. My name is Joe. Joe Conquest.«

Auch wir stellen uns vor, dann sprudelt es aus ihm heraus: »Hey guys, one question. What the fuck is going on here?« Er deutet ins Gastrauminnere.

Nach der Information, dass heute Vatertag ist, wirkt er erleichtert.

»Okay. Jetzt wird mir einiges klar!«, sagt er sinngemäß.

Wir fragen sinngemäß zurück: »What the fuck are you doing here in Olching?«

Anscheinend hatte seine Mutter nach dem College einige Monate in Europa verbracht und ihm München als Hotspot ans Herz gelegt. Da ihm die Unterkünfte in München jedoch zu teuer waren, ist er mit der S-Bahn nach Olching gefahren. In der Hoffnung, auf dem Land auch besser Einheimische kennenlernen zu können. Das hat er nun davon. Statt in einem Club nette Mädels zu treffen, ist er im »Daxerhof« gelandet, wo 50 sternhagelvolle Typen immer mehr Bier in sich reinschütten.

Doch der Abend hält noch eine weitere Überraschung für ihn bereit.

Gerade als wir wieder an der Theke stehen, baut ein etwa 70-jähriger, dickbäuchiger Alleinunterhalter sein Equipment auf. Er bietet ein unglaubliches Spektrum an grauenvoller Musik, von Peter Maffay bis Joe Cocker.

Das alleine ist nicht weiter sensationell, aber als wir uns beim Wirt für dieses Schmankerl bedanken, sagt dieser, dass er den Typen gar nicht gebucht habe.

Also ist er entweder spontan hereingekommen, einfach weil er so gerne musiziert, oder er hat schlicht das Gasthaus verwechselt.

Wir favorisieren die zweite Variante und stellen uns sein Gesicht vor, wenn er nach dem Gig seinen Scheck abholen will.

Es bleibt leider bei der Vorstellung, denn wir werden zuvor von Petra, Paulis Frau, nach Hause gefahren. Dafür gebührt ihr Respekt, nie würde ich vier Vatertagshochleistungstrinker in mein Auto steigen lassen. Von unseren Bierfahnen mal ganz abgesehen.

Sie schüttelt dann auch den Kopf, als wir von unseren Heldentaten erzählen.

»Wir haben gegrillt«, sage ich.

»Am offenen Feuer«, sagt Zsolt.

»Mit vier Kisten Bier«, sagt Pauli.

»Im Trikot«, sagt Edel.

Philosophie vom Feinsten

Ich erkenne es schon meist am Gesicht der Kundin, dass sie anstrengend sein wird. Wenn man schon so lange im Einzelhandel arbeitet, hat man gelernt, Gut von Böse zu unterscheiden.

Meist sind es Frauen mittleren Alters, die ernst schauen. Weil sie auf dem Weg zum Service Point noch überlegen, wie sie das Verkaufsgespräch möglichst kompliziert gestalten können.

»Ich habe sechs Bücher zur Ansicht bestellt«, sagt sie dann.

Sie schaut mich an, ich schaue sie an. Eindringlich, doch sie knickt nicht ein. Sie ist fest gewillt, die Situation eskalieren zu lassen. So viel steht jetzt schon fest.

Ich sehe mich nach einer Kollegin um, die mich ablösen könnte. Der HSV hat am Wochenende wieder einmal verloren, weshalb ich mich an diesem Montagmorgen dieser Kundin nicht gewappnet fühle. Ich mag nicht schon gegen Mittag ins Büro zitiert und mit einer Kundenbeschwerde konfrontiert werden.

»Sagen Sie mir noch Ihren Namen oder kann ich die sechs Bücher frei wählen? Das *von* in Ihrem Nachnamen können Sie weglassen, das interpretiere ich schon in Ihren arroganten Blick, Sie dummes Stück Dreck.«

Etwas dieser Art liegt mir auf der Zunge.

Stattdessen, ganz Profi, sage ich: »Auf welchen Namen wurden die Bücher bitte bestellt, werte Dame?«

»Charlotte von Rostock.«

»Ah, Hansa-Fan«, sage ich lachend, aber sie reagiert nicht.

Es ist wahrscheinlich unter ihrer Würde, sich von einem Verkäufer einen Witz erklären zu lassen.

»Ich bin Buchhändler, kein Verkäufer«, antworte ich, weil ich ihre Gedanken lesen kann.

Jetzt denkt sie sicher gerade, dass sie täglich so viel Geld ausgibt, wie ich im Monat verdiene.

Falsch! Sie fragt: »Sind Sie schon lange genug Buchhändler, um jetzt endlich meine Bücher herausgeben zu können, oder müssen Sie sich die kompetente Hilfe Ihrer Kollegin holen?«

Okay, 1:0 für sie, denke ich, und schaffe es tatsächlich, die sechs Bücher ohne Hilfe zu finden.

Es sind sechs riesige Gartenbücher, die ich mühsam zum Counter schleppe. Sie wird maximal eines davon nehmen. Alle Bücher sind vom Preis und Inhalt quasi identisch, zudem haben wir drei davon zurzeit sowieso im Sortiment.

Als ich sie darauf hinweise, weist sie mich ihrerseits darauf hin, dass sie dies durchaus bemerkt habe, die Bücher im Regal aber schon von anderen Leuten angefasst worden seien. Auch deshalb lässt sie die drei Bücher, die ohne Folie geliefert wurden, sofort wieder zurückgehen.

Ich muss lachen, weil ich an meinen Kollegen vom Marienplatz denke. Der einmal auf die Frage, ob er das Buch auch eingeschweißt habe, der Kundin das Buch aus der Hand nahm, es kurz unter seiner Achsel einklemmte und es ihr dann wortlos zurückgab. Es gab einen Riesenärger, dafür ist er in Buchhändlerkreisen jetzt eine lebende Legende.

Meine Kundin lässt die drei anderen Bücher in der Folie und zieht ihr Smartphone heraus. Sie zeigt mir das Bild eines Bücherregals und fragt mich, welches der Bücher farblich am besten dazu passe.

»Hm«, zögere ich, »die Bücher sind alle drei grün, aber ich finde das dunkelgrüne am schönsten. Es harmoniert auch am besten mit der Tapete.«

»Gut, dann nehme ich das hellgrüne«, sagt sie emotionslos.

Ich überlege, warum sie überhaupt ein Gartenbuch braucht. Hat sie etwa keinen Gärtner?

»Selbstverständlich habe ich einen Gärtner«, errät sie meinen Gedanken, »schließlich arbeite ich um die 75 Stunden in der Woche. Aber es gefällt mir, wenn meine Gäste glauben, ich würde mich auch noch um den Garten kümmern.«

Sie entzündet einen Funken Sympathie in mir.

»Haben Sie noch etwas für meine zwölfjährige Nichte?«, fragt sie.

Sie braucht nicht extra zu erwähnen, dass ihre Nichte schon sehr weit ist für ihr Alter. Ich weiß es.

Deshalb biete ich ihr Jugendbücher an, die sich mit großen und ernsten Themen auseinandersetzen. Ich zeige ihr Bücher, die sich mit Krebs, mit dem Tod oder mit Gewalt und Mobbing unter Jugendlichen beschäftigen.

Die gute Frau lässt mich zehn Minuten Inhalte erklären, wobei ich darauf achte, nur gebundene und – klar – eingeschweißte Bücher zu empfehlen.

Am Ende entscheidet sie sich für eine Hanni & Nanni-

CD. Die Bücher seien durchaus interessant, ihre Nichte sei jedoch ähnlich zurückgeblieben wie ihre Schwester und würde sowieso nichts kapieren.

Aber, räumt sie ein, ich hätte sie von meiner Kompetenz überzeugt, und sie bräuchte noch ein Buch für ihren Mann. Zuletzt habe er »Ulysses« gelesen und Montaigne fände er noch supi. Mir ist klar, dass sie lügt. Kein Mensch hat je »Ulysses« gelesen. Weil es unlesbar ist. Wahrscheinlich hat es farblich einfach gut in die Villa gepasst.

Jetzt schlägt meine Stunde. Genau für solche Fälle habe ich immer eines meiner eigenen Bücher im Philosophie-Regal versteckt.

»Sehen Sie her«, sage ich, »ich habe da genau das Richtige für Sie. Das Buch heißt ›Das Wunder von Bernd‹. Es ist die Entwicklungsgeschichte eines Jungen, Bernd, der in bescheidenen Verhältnissen in der fränkischen Provinz aufwächst. Alle Jungs um ihn herum spielen permanent Fußball, was ihn unglaublich langweilt. Er kann nicht verstehen, was toll daran sein soll, einem Ball hinterherzurennen und zu schwitzen.«

Frau von Rostock nickt.

»Bernd interessiert sich schon in frühen Jahren für Themen wie die Weltwirtschaft, das Foucaultsche Pendel oder die verallgemeinerte Form der Heisenbergschen Unschärferelation. Obwohl er ausgegrenzt wird, geht er unbeirrt seinen Weg und hält schon mit zwölf Jahren Vorlesungen an der Sorbonne. Mit zwölfeinhalb bekommt er seinen eigenen Lehrstuhl und einen Chauffeur, mit dreizehn ist er bereits einer der größten lebenden Philosophen. Von ihm stammt beispielsweise der Satz *An mir kommt entweder der Ball vorbei oder der Gegner, aber niemals beide.*«

»Das hört sich an wie der Satz eines Fußballproleten«, wirft sie ein.

»So verhält es sich keineswegs«, beruhige ich sie. »Damit meint er den Spielball des Lebens und die Gegner seiner Theorien. Das sind nur Metaphern.«

»Hach, Metaphern«, sagt sie, und ich spüre, dass sie sich ein wenig in mich verliebt hat. Sie fährt sich mit ihrer Zunge über die Oberlippe.

»Ich nehme es, obwohl es ein wenig nach Fußballbuch aussieht«, haucht sie.

Ihre Libido lässt sie darüber hinwegsehen, dass das Buch nicht einmal eingeschweißt ist.

Ich dagegen bin es schon, auch wenn sich das etwas abstoßend anhört. Verkaufsgespräche dieser Art bringen mich an den Rand des Wahnsinns. Ich ziehe mich in den Aufenthaltsraum zurück und überlege, ob ich kurz an den Wodka im Spind gehen soll.

Warum müssen Frauen alles so verkomplizieren? Und warum rege ich mich so darüber auf?

Ich könnte töten, wenn eine Frau beim Metzger 120 Gramm Schinken verlangt. Kann sie vielleicht verdammt noch mal 100 oder 150 Gramm bestellen?

Muss man beim Tagesgericht im Restaurant, welches eh nur 5 Euro kostet, nachfragen, ob man statt des Krautsalats auch einen gemischten Salat haben kann?

Muss man an der Kasse bei einem Betrag von 5,82 Euro eine Viertelstunde mit seinen Gichtfingern 6,32 Euro aus dem Geldbeutel kramen, nur damit man ein 50-Cent-Stück herausbekommt? Noch nie ist ein Mann jemals auf diese Idee gekommen.

Muss man abends um fünf vor acht in die Buchhandlung gehen und sich die fünf nach ausgiebigem Stöbern gekauften Bücher noch als Geschenk verpacken lassen? Weil man das als Service einfach voraussetzen kann. Und muss sie bescheuert mit dem Kopf schütteln, wenn ich sie dann anschaue, als würde ich ihr am liebsten ins Gesicht kotzen? Muss sie währenddessen ihr blödes Kind noch frei in der Kinderbuchabteilung herumlaufen lassen, damit es alles verwüstet, was wir gerade aufgeräumt haben?

Apropos Wüste: Das hat nichts mit Servicewüste, das hat mit Benimmwüste zu tun.

Muss man auf dem Flohmarkt von einem Euro auf 80 Cent runterhandeln? Nur damit man sich selbst ein bisschen geil findet?

Selbst Anne, eine echt lässige Freundin, hat im Media Markt nach einer viertelstündigen Beratung gefragt, ob es den Fernseher auch in Weiß gäbe. Und das eigentlich perfekte Modell dann nicht genommen, weil der Verkäufer verneinte. Ja, was ist denn da los?

Als ich mich wieder einigermaßen beruhigt und mir doch noch schnell einen Schnaps reingeschüttet habe, gehe ich zurück in den Laden.

Ein Mann kommt auf mich zu: »Grüß Gott. Ich bräuchte ein Buch für meine Mutter.«

Ich suche einen passenden Titel aus und erkläre kurz den Inhalt. Sehr kurz.

»In dem Buch …«

»Ist gut«, unterbricht er mich. »Das nehm ich!«

Danke!

Zlatan für Arme

Ich liebe Zlatan Ibrahimović. Nicht körperlich, unsere Figuren würden nicht gut zusammenpassen.

Aber zum einen ist er wohl der technisch beste Fußballer aller Zeiten, zum anderen ist er unglaublich positiv dekadent und arrogant. Irgendwie fasziniert mich das Zusammenspiel von Dekadenz und Arroganz. Ähnlich wie Hooliganismus.

Allerdings hat all dies keinen Platz in meinem eigenen Leben. Um bei den Hools mal richtig mitzumischen, fehlt mir die körperliche Konstitution und der Mut, zur Dekadenz die Kohle. Arrogant bin ich in gut gemeinten Ansätzen, habe aber noch einen weiten Weg vor mir.

Anders Zlatan.

Zwei Jahre hat er in Paris für 3000 Euro die Nacht im Hotel gewohnt, dann wurde es ihm zu viel.

»Wenn wir keine Wohnung finden, kaufe ich vielleicht dieses Hotel«, soll er gesagt haben. Und es ernst gemeint haben. Ganz ehrlich, da geht mir das Herz auf.

Er tat es dann doch nicht, dafür mietete er in einer mutmaßlich noblen Wohngegend, sicher mit Blick auf den Eiffelturm, drei Wohnungen nebeneinander. Drei Wohnungen, um keine Nachbarn zu haben. Das ist Dekadenz in seiner Reinform, für ihn könnte dieses Wort erfunden worden sein.

Wirklich erfunden und in den schwedischen Duden aufgenommen wurde das Wort »zlatanisieren«, welches für »stark dominieren« steht.

Als er beim FC Barcelona mit Pep Guardiola in Streit geriet, empfahl er dem Präsidenten, den Trainer zu entlassen.

Einzigartig seine Wortwahl: »Diesen Philosophen brauchen wir nicht. Der Zwerg und ich reichen völlig aus.«

Er nannte seinen Teamkollegen Lionel Messi also einen Zwerg und trotzdem war dies wohl eines der wenigen Komplimente, die er in seinem Leben verteilt hat.

Guardiola hatte nicht die Klasse für ein Duell und musterte Ibrahimović quasi aus. Auch Guardiola möchte arrogant rüberkommen, wirkt aber vergleichsweise unbeholfen, manchmal eher wie ein trotziges Kleinkind.

Zlatan dominiert – Entschuldigung: zlatanisiert – dagegen jedes Gespräch und jede Situation, nie gerät er in die Defensive.

Kürzlich wurde in Schweden der beste Sportler aller Zeiten gewählt. Unbegreiflicherweise landete Ibrahimović nur auf dem zweiten Platz hinter Björn Borg.

»Als Zweiter ins Ziel zu kommen ist wie Letzter werden«, sagte er. »Bei allem Respekt, aber ich müsste die Plätze 1–5 belegen.«

Björn Borg sah das wohl ähnlich und sagte entschuldigend: »Ibrahimović ist Schwedens größter Star, er ist größer als IKEA.«

Glücklicherweise war ich immer fußballerisch streng limitiert und sah mittelmäßig aus. Und vor allem gab es Ibrahimović damals noch nicht.

Sicher wäre ich mit ihm als Idol ein noch größerer Unsympath geworden.

Dafür lernte ich Bazi kennen, als ich 1997 nach München kam. Ich kannte ihn schon aus Würzburg flüchtig, jetzt war er oft in unserer WG zugegen.

Bazi hatte zlataneske Züge und bald spielten wir zusammen mit Steve das Spiel »Verschwenderkönig«.

Sieger war, wer möglichst viel Geld möglichst unnütz ausgeben und dabei den anderen erniedrigen konnte. Wir steckten uns gegenseitig Scheine zu, nur damit der andere Pizza holen ging oder einem das Bier öffnete. Wir boten uns gegenseitig Geld für das Umschalten des Fernsehsenders und das Binden der Schnürsenkel.

Blöd war dabei nur, dass Steve bereits Lehrer war und Bazi beim Radio arbeitete. Ich saß als Buchhändler-Azubi immer am kürzeren Hebel.

Hätte außerdem mein Vater, dem ich inklusive meines abgebrochenen Studiums nun schon 25 Jahre auf der Tasche gelegen hatte, von unserem lustigen Spielchen erfahren, wäre ich sofort enterbt worden.

Zur absoluten Verschwenderkönigin wurde allerdings meine damalige Freundin Astrid gewählt.

Auf einer Party hatte Bazi sie aufgefordert, für 20 Mark die Haare offen zu tragen. Sie schaute ihn kurz an, griff dann in ihre Hosentasche und drückte ihm 50 Mark in die Hand.

»Hier, das ist für dich«, sagte sie. »Allerdings nur, wenn du mich heute nicht mehr ansprichst.«

Damit war das Spiel gestorben. Keiner traute sich zu, diese Aktion noch toppen zu können.

Eines Abends erzählte Bazi in der WG von seiner USA-Reise. Er wollte seine Freundin Ute besuchen, die damals ein Auslandssemester in den Staaten verbrachte, und sechs Wochen bleiben. Da ihm jedoch seine 3000 Dollar Reisegeld zu mickrig erschienen und er lieber auf großem Fuß leben und Ute etwas bieten wollte, flog er von Deutschland aus zuerst nach Las Vegas, ging ins Kasino und setzte sein gesamtes Geld auf Rot.

Sollte er gewinnen, würde er den Urlaub so gestalten können, wie es ihm vorschwebte. Wenn er verlöre, wollte er wieder zurück nach Deutschland fliegen.

Bazi machte beim Erzählen eine dramaturgische Pause, alle schauten ihn gespannt an.

»Es kam Schwarz.«

Bazi hätte damals Größe zeigen und nach Hause fliegen können. Kleinlaut erzählte er uns jedoch, dass er sich in der Folge Geld von Ute geliehen habe und geblieben sei. Mittlerweile sei er schon lange mit Ute verheiratet, aber er schäme sich noch heute für seine Inkonsequenz.

Murphy und Breiti, die mich gerade in München besuchten, schauten mich mit großen Augen an. Obwohl sich Bazi am Ende wie ein Duckmäuser verhalten hatte, waren wir beeindruckt und wussten, was getan werden musste.

Am nächsten Tag fuhren wir zuerst zum Geldautomaten, dann ins Kasino.

Wir hatten jeweils 300 Mark abgehoben, also landeten 900 Mark auf Rot.

Und, was soll ich sagen, Rot fiel. Hätten wir verloren, wären wir wieder heimgefahren und hätten meinem Mitbewohner Fred das Bier wegtrinken müssen. Oder Ute hätte uns Geld leihen müssen.

Wir ballten die Fäuste, schnippten dem Croupier großkotzig einen 50-Euro-Chip als Trinkgeld hin, exten unser Bier und verließen den Schuppen.

Der Weg zu einem spektakulären Abend war geebnet.

Da wir uns Anzüge geliehen hatten, um ins Kasino zu kommen, steuerten wir sofort das »P1« an. Wir parkten Murphys alten Benz ein paar Straßen weiter und fuhren mit dem Taxi vor. Natürlich sah man uns trotzdem an, dass wir nicht wohlhabend, sondern fränkische Landeier waren.

Allerdings spielte ich mit dem damaligen Türsteher in demselben Verein, also ließ er uns passieren. Jedoch nicht ohne uns vorher einen mitleidigen Blick zuzuwerfen.

Es fiel uns schwer, uns zu akklimatisieren. Klar gab es außer uns noch andere Blender hier, aber auch genügend Leute mit Schotter, die literweise Wodka und Schampus auffahren ließen. Mindestens drei Bayernspieler knutschten wild mit den schönsten Frauen im Club. Es wäre unfair, Namen zu nennen, aber Elber züngelte am ekligsten.

Wie Fremdkörper saßen wir an der Theke und bezahlten 31 Mark fuffzig – mit Charakter also 40 Mark – für drei kleine Bier und fühlten uns dabei nicht recht wohl.

Wenn man nicht wirklich reich ist, macht Dekadenz irgendwie nur halb so viel Spaß.

Das schöne Geld. Wir rechneten aus, dass schon nach etwa 40 Runden alles verprasst wäre, und fuhren zuerst mit dem Taxi nach Hause, um unsere Verkleidung auszuziehen, danach ins »Backstage«, eine Indie-Disko.

Breiti hatte die spitzenmäßige Idee, mit drei Taxis zu fahren. Das war witzig. Allerdings nur für kurze Zeit, dann war es brutal langweilig. Also hielten wir kurz an und stiegen zu dritt ins mittlere Taxi. Die anderen beiden ließen wir unbesetzt vor und hinter uns fahren. Zlatan und Bazi hätten ihre Freude gehabt. Vor allem, wenn sie gesehen hätten, wie die drei Taxis vor unserer WG warteten, während wir uns umzogen.

Wir dagegen waren nicht so glücklich, weil uns der Spaß schon wieder knappe hundert Mark kostete.

Im »Backstage« war unser Ausflug in die Dekadenz dann schnell Geschichte. Wir merkten, dass wir nicht die Klasse hatten, das Ding durchzuziehen.

Halbherzig gaben wir 50 Euro für eine hübsche Studentin aus, damit sie zehn Minuten für uns tanzte, dann feierten wir wieder herkömmlich.

Einfach Bier trinken, dumm quatschen und ab und zu Pogo tanzen. Schöner kann man nicht ausgehen.

Derweil saß der kleine Zlatan sicher in seinem Zimmer und überlegte sich Sprüche für seine Karriere.

»Eine Weltmeisterschaft ohne mich ist nicht sehenswert.«

»Wer mich stoppen will, muss mich umbringen.«

»Für viele mögen meine Tricks kompliziert aussehen. Für mich sind sie simpel.«

»Zuerst ging ich nach links, er folgte. Dann ging ich nach rechts, er folgte. Dann ging ich wieder nach links und er einen Hotdog kaufen.«

»Ich brauche keine Trophäe, um zu wissen, dass ich der Beste bin.«

»Was Carew mit dem Ball kann, kann ich mit einer Orange.«

Nichts davon ist übertrieben.

Einmal, in einem Anflug von Bescheidenheit, hat er gesagt: »Ich bin der Größte – hinter Muhammad Ali.«

Ich sage dazu: »Zlatan! Mach dich nicht kleiner als du bist.«

Thermi

In meinem Alter kommt es nicht mehr so oft vor, dass man von einer attraktiven Frau zum Essen eingeladen wird. Noch dazu bei ihr zu Hause.

Als ich die Wohnung betrete, sehe ich jedoch weder Kerzen noch läuft klassische Musik. Stattdessen sitzen fünf weitere Gäste in der Küche.

Die Tatsache, dass alle weiblich sind, besänftigt mich. Auch wenn ich nicht genau weiß, was das Ganze soll.

Noch fragender aus der Wäsche schaue ich, als eine weitere Frau die Küche betritt. Sie hängt voll wie ein Christbaum, überall an ihr baumeln Taschen voller Lebensmittel und Kochutensilien.

Erst als sie eine Maschine aus ihrem Trolley zieht und ich den Schriftzug »Thermomix« erkenne, fügen sich die Puzzleteile zusammen.

Das erste Mal hörte ich von diesem Thermomix auf einer CD des bayerischen Liedermachers Roland Hefter.

Vor einem Lied erzählt er sinngemäß: »Ich hab mir einen Thermomix gekauft und kann schon drei Gerichte: Ein Karottengemüse, einen Kartoffelbrei und einen Schokopudding.«

Wörtlich fügt er hinzu: »Und für an guadn Schokopudding kann ma scho moi an Dausender hinleng.« Damals lachte ich noch.

Ich habe außerdem davon gehört, dass der Thermomix ähnlich sektenmäßig und im Schneeballsystem vertrieben wird wie Tupperware. Selten verlässt ein Mensch wohl eine dieser Verkaufspartys, ohne einen Vertrag unterzeichnet zu haben. Für exakt 1109 Euro bekommt man eine Wundermaschine, in die man angeblich nur die Zutaten reinwirft und kurze Zeit später ein sternekücheähnliches Gericht oder eben auch einen Schokopudding auf dem Teller hat.

Ich habe die Teilnehmer solcher Partys immer belächelt, nun bin ich selbst einer. Noch mehr bemitleide ich diejenigen, die sich tatsächlich so ein Teil aufschwatzen lassen.

Trotzdem ermahne ich mich, cool zu bleiben, da selbst ich als vernünftiger Typ schon zwei Mal in meinem Leben überrumpelt wurde. Das erste Mal habe ich in Italien von einem Straßenhändler einen Videorekorder gekauft, der sich später beim Auspacken als wertlose Holzkiste entpuppte, das zweite Mal habe ich in München aus einem Lieferwagen heraus schlechte Lautsprecherboxen für gutes Geld erworben. Noch heute amüsieren sich meine Freunde darüber, und ich will nicht wieder zum Gespött der Leute werden.

Zudem weiß ich, dass manche Thermomix-Besitzer dem Teil komplett verfallen sind. Sie gehen kaum mehr aus dem Haus, kochen in einer Tour und produzieren Essen am Fließband. Sie und ihre Familien werden immer dicker, können aber trotzdem nicht alles essen. Manchmal kosten sie nur kurz von den Gerichten, posten ein Foto auf Facebook und werfen danach alles weg.

Sie nennen das Wunderteil liebevoll »Thermi« und haben keine sozialen Kontakte mehr zu Nicht-Thermi-Besitzern.

Unsere Köchin ist Mitte 40 und hat das Auftreten eines Blockwarts. Witze über den Thermomix kann sie gar nicht vertragen. Als ich ihr Rolands Späßchen mit dem Schokopudding erzähle, schaut sie so böse, dass ich überlege, Roland vorzuwarnen. Nicht dass ihn ein Schlägertrupp zu Hause aufsucht und er dann gezwungen wird, Rezepte nachzukochen. Bevor er mit dem Kochlöffel verprügelt wird.

Meine Coolness erhält einen Dämpfer, als ich mir den ersten Bissen in den Mund schiebe. Köfte mit Bulgur-Gemüse. Spontan juchze ich und bin versucht, die Köchin zu umarmen. Nur einen Moment lang, aber das Zeug schmeckt so gut, dass ich mich unauffällig nach den Bestellformularen umsehe.

Obwohl ich keine 1000 Euro übrig habe und weiß, dass ich genau drei Mal damit kochen würde und dann nie wieder.

Da fällt mir ein, dass ich den Vertrag im Fitnessstudio noch kündigen muss. Mein letzter Besuch dort ist sicher dreieinhalb Jahre her, eventuell rechnet sich der Monatsbeitrag langsam nicht mehr. Vorher muss ich jedoch heimlich trainieren, so schwammig will ich da auf keinen Fall antanzen. Ich kann den Vertrag nicht mit 92 Kilo kündigen, mit fünf mehr als zu Vertragsabschluss. 5 Kilo mehr an Muskelmasse wären okay, leider weiß ich nicht einmal, ob ich überhaupt noch Muskeln habe.

Nach der Vorspeise gehe ich also ins Bad und mache ein paar Sit-ups und drei Liegestütz, bevor ich erschöpft zusammenbreche.

Ich muss einen klaren Kopf bewahren, denn ein Thermi, den ich dann auch noch benutzen würde, wäre in meiner körperlichen Verfassung wahrscheinlich mein Todesurteil. Nur zwei bis drei Kuchen im Monat würden mich schnell über die 100er-Grenze katapultieren.

Kurz überlege ich, mir beide Handgelenke zu brechen, um keine Unterschrift leisten zu können. Den Mumm habe ich nicht, stattdessen schmiere ich mir Kernseife auf die Zunge, damit mir der Hauptgang nicht mehr ganz so gut schmeckt.

Fest entschlossen, Fassung zu bewahren, kehre ich in die Höhle des Thermi zurück. Beeindruckt schaue ich der Dame zu, wie sie mit einigen Handgriffen zarteste Lammsteaks mit Rosmarinkartoffeln und Wirsing zaubert. Die Seife hilft überhaupt nicht, alles schmeckt wahnsinnig gut. Ich brauche so ein Gerät. Oder ich lasse mich von der Köchin adoptieren.

Jetzt weiß ich auch, weshalb sie so unfreundlich war. Weil sie nicht freundlich sein muss, um die Leute um den Verstand zu kochen und ihnen den Thermomix zu verkaufen.

Dann läutet sie die zweite Phase ihrer Verkaufsstrategie ein. Sie fügt ihrem Auftritt eine persönliche Komponente hinzu und erzählt pathosgeschwängert, wie sehr sie den Thermi liebe. Bevor er in ihr Leben getreten sei, habe sie eine langweilige Ehe mit ihrem langweiligen Mann geführt.

Der Mann sei jetzt ausgezogen, die Kinder wären sowieso schon aus dem Haus. Um den Mann sei es nicht schade, und die Kinder kämen mehrmals die Woche, zuweilen auch mehrmals täglich zum Essen vorbei.

Sogar ein Lächeln huscht über ihre Lippen.

Ihr neues iPad helfe ihr sowohl als Rezeptelieferant in

der Küche als auch, um in der Thermomix-Facebookgruppe, ihrer neuen Familie, aktiv zu sein.

Oft seien junge Männer zu Gast, die sie bekoche. Im Gegenzug mähen sie ihren Rasen und übernehmen kleinere Reparaturen im Haus. Sie glaube aber fest daran, dass die nächste Thermi-Generation auch Rasen mähen könne.

Dann würde sie nur noch ihren dreißigjährigen Liebhaber halten. Der ganz verrückt sei – nach ihren Kochkünsten.

Der Thermomix habe ihr Leben definitiv besser gemacht.

Als sie das mit den jungen Männern erwähnt, werden die anderen Frauen unruhig und checken übers Handy ihren Kontostand. Nach der Präsentation werden sie fragen, ob vielleicht Ratenzahlung möglich sei.

Auch ich werde hibbelig, als ich vom Dessert koste. Himbeer-Rhabarber-Sorbet. Mein Konto brauche ich gar nicht zu checken, deshalb schaue ich mir die Köchin genauer und wohlwollender an. Aber nein, auch die Möglichkeit, als bekochter Liebhaber zu fungieren, fällt aus.

Deshalb gehe ich zwar glücklich und vollgefressen, aber ohne Thermomix und Verhältnis nach Hause.

Immerhin, vier Maschinen werden an diesem Abend verkauft.

Nachts kann ich nicht einschlafen, weil ich pausenlos an das Essen und den Thermi denken muss.

Aber nein, mit meinem Körper bezahle ich definitiv nicht. Dann lieber doch 1109 Euro.

Ich fahre den Rechner hoch, rufe Facebook auf und werde Mitglied der Thermomix-Familie.

Doch schnell erkenne ich, dass es den Leuten hier weniger ums Essen geht, vielmehr ist diese Gruppe eine Art Familienersatz und Psychotherapie.

Kissthecook69 schreibt: »Hallo alle zusammen! Wollte mal wissen, ob eure Repräsentantin bei euch auch noch mal eine Einweisung macht, wenn euer Thermomix bei euch eingezogen ist?«

Normalerweise würde ich jetzt antworten, dass sie sich um ihre Einweisung keine Sorgen zu machen brauche. Die käme von ganz alleine.

Gleichzeitig würde dies aber die Verbannung aus der Gruppe bedeuten, so viel steht fest. Ich brauche nur an die Humorlosigkeit meines Beinahe-Verhältnisses zu denken.

Lieber amüsiere ich mich hier im Chat.

»Meine hatte mir eine Einweisung angeboten, aber ich habe es nicht für nötig befunden«, schreibt *Gudrun54*. Ob sie das selbst beurteilen kann?

Eine wohl sehr einfühlsame Frau mit einer Katze als Profilbild gibt den anderen zu bedenken: »Wie mag sich deine Repräsentantin wohl fühlen, wenn sie hier mitliest?«

»Nicht dass sie sich etwas antut!«, schalte ich mich jetzt doch ein. Ich kann einfach nicht anders. »Vielleicht kann jemand kurz bei ihr vorbeifahren.« Ich bekomme drei Likes, wahrscheinlich sogar ernst gemeinte.

Wieder muss ich losprusten.

Schnuffilein hat eine Frage: »Was mache ich mit 24 Eiweiß? Baiser habe ich schon genug.«

Hm, da habe ich jetzt auch keine Idee. Ich hatte noch nie 24 Eiweiß übrig. Eigentlich noch nicht einmal ein einziges.

Aber bei der nächsten Frage kann ich helfen.

»Wofür benutzt ihr den Turbo?«, will *Eleonore* wissen.

»Zum Beschleunigen«, schreibe ich, bevor ich mich zügeln kann. »Oft an der Ampel.«

Natürlich rechne ich mit meinem Ausschluss, habe aber

sofort vier Likes auf der Habenseite. Komischerweise von vier Männern. Wahrscheinlich von vier Kabarettisten, die gerade für ihr neues Programm recherchieren.

Vielleicht werde ich auch Kabarettist. Mein Programm nenne ich »Thermomixmix« und ich lese einfach Facebook-Einträge vor. Ich werde so reich und kann mir endlich einen Thermi samt Köchin mit Diplom in Ernährungswissenschaften kaufen.

Obwohl, eine Köchin bekomme ich wahrscheinlich kostenlos, denn um 7 Uhr morgens habe ich den Schwachpunkt des Thermomix ausgemacht.

Das perfekte Leben, die rosarote Thermi-Welt, bekommt einen Riss. Es ist nicht alles Gold, was mixt.

Normale Bürger, die herkömmlich kochen, können sich jetzt zurücklehnen, denn: Den Posts nach zu urteilen, scheint es unmöglich zu sein, in diesem Gerät eine Schlagsahne zu produzieren.

Alle heulen rum, dass aus jeder Sahne Butter wird. Jetzt ist es an mir, etwas aus dieser Information zu machen. Ich gehe in die Offensive.

»Mmmmmmm, lecker Sahne!«, poste ich, und im Sekundentakt bekomme ich persönliche Nachrichten. Schnell wollen sich um die 20 Frauen mit mir treffen. Und nicht nur treffen! Sie fragen, wo ich wohne, was ich sonst so mache und ob ich sexuelle Vorlieben hätte. Sie schicken mir Bilder, auf denen sie Unterwäsche tragen. Sie nennen mich ihr Sahnestück und machen mir Heiratsanträge.

Ich lösche die Bilder der leicht fülligen Frauen, die den Thermomix wohl schon länger haben. Und das, obwohl ich keinen Deut schlanker bin und in naher Zukunft wohl nicht mehr auf ein einziges Profilbild passen werde.

Aber ich habe ein neues Ass im Ärmel. Sofort rufe ich die Köchin von der Kochvorführung an.

Auf meine herausfordernde Bemerkung, dass ich es für unmöglich halte, mit dem Schmetterling-Aufsatz Sahne im Thermomix zu schlagen, lacht sie.

»Nichts leichter als das«, sagt sie selbstbewusst. »Ich zeige es dir. Und vergiss nicht, die 1109 Euro mitzubringen. Oder du zahlst mit deinem …«

»Nein!«, unterbreche ich sie. »Das Teil ist jeden Euro wert. Ich will ihn haben.«

Geliebtes Rimpar

Schon seit langer Zeit will ich Dir ein paar Zeilen widmen. Nie wusste ich, wie ich es anpacken sollte. Ein lustiger Text wird Dir nicht gerecht, Du bist nicht lustig.

Jetzt weiß ich, dass es ein Liebesbrief sein muss. Kein kitschiger Liebesbrief, trotzdem will ich Dir schöne Dinge sagen, Komplimente machen, Dich an unsere besten Momente erinnern.

Beste Zeit, beste Gegend, bestes Dorf.

Du bist objektiv betrachtet als Dorf nicht schön. Ich dachte es lange Zeit, dann ging ich zum Studium nach Bamberg. Immer wieder schwärmte ich meinen Kommilitonen vor, wie einzigartig Du doch seist.

Irgendwann verbrachte ich zusammen mit Roland und Stevie ein Wochenende bei Dir. Während wir über Deine Hauptstraße fuhren, lachten sie Tränen. Weil sie Dich so hässlich fanden.

Und tatsächlich sah ich zum ersten Mal in meinem Leben, dass sie recht hatten. Pittoresk bist Du nicht. Nicht einmal hübsch.

Alle Häuser der Ortsdurchfahrt sind alt, seit Generationen wurden sie nicht mehr renoviert, der Putz bröckelt ab. Außer dem Sportplatz und dem Schloss Grumbach gibt es hier nichts wirklich Sehenswertes.

Das Schöne an Dir sind wohl nur meine Erinnerungen.

Die immer da sind, weil Du Dich nicht wirklich veränderst. Die Häuser, die vor 20 Jahren nicht renoviert waren, sind es heute noch immer nicht.

Rimpar, Du bist der Mann unter den Dörfern. Du legst nicht viel Wert auf Dein Äußeres. Noch nie habe ich das Wort unprätentiös verwendet und wollte es auch nicht, aber: Du bist unprätentiös und uneitel, dafür kann man sich auf Dich verlassen. Du bleibst, wie Du bist, Du hast Charakter.

Ja, verlassen, ich weiß, ich habe Dich verlassen. Nach dem Seitensprung Bamberg bin ich nach München. Aber auch wenn diese beiden Städte auf den ersten Blick attraktiver erscheinen, bin ich im Herzen Rimparer geblieben, Du wirst immer meine erste Liebe bleiben.

Etwa alle zwei Monate habe ich das Verlangen, Dich zu besuchen. Tausende Male habe ich schon das Ortsschild passiert, doch noch immer löst es ein wohliges Gefühl in mir aus. Rimpar!

Wenn ich dann von meinem Elternhaus zum Sportplatz gehe, spaziere ich genau meinen damaligen Schulweg entlang.

Den steilen Berg runter, die Abkürzung am Bach vorbei, durch die Bachgasse, über den Schlossberg, durch die Mühlwiese. Alles sieht noch genauso aus wie in meiner Kindheit. Auf diesen Wegen und Straßen veranstalteten wir Fahrradrennen, fuhren Skateboard und fanden einmal einen Geldbeutel mit 100 Mark. Für das Geld gingen sieben kleine Wichte zum Hähnchen-Essen ins Gasthaus Schäfere. Die »Schäfere«, eine Gasthaus-Legende: Nie habe ich jemals irgendwo einen besseren »Göger« bekommen.

Auf Deinem Sportplatz geht mein Herz auf. Sehr oft,

jedes Mal, immer, denke ich dort an die Spiele der Ersten Mannschaft des ASV, die ich als Kind anschaute.

Schon als Achtjähriger fand ich es faszinierend, wenn die Spieler der Ersten auf dem Weg aus der Kabine zum Platz über den Asphalt liefen. Nie werde ich ihre konzentrierten Gesichter und das Klackern ihrer Alustollen vergessen.

Mein erstes Spiel für die Erste fand zehn Jahre später statt. Es war Sommer, der Platz war trocken und hart, trotzdem zog ich Stollenschuhe an. Nur um dieses Geräusch zu hören und die Gänsehaut zu spüren.

Auch in München habe ich mich sofort wohlgefühlt, der Fußball allerdings war nicht mehr der gleiche. Rimpar, Du magst jetzt eine Handball-Hochburg geworden sein, aber immer wenn ich an Fußball denke, denke ich natürlich zuerst an den HSV, dann aber sofort an den ASV Rimpar.

Und noch etwas fehlt mir in Oberbayern. Ich brauchte einige Zeit, um zu merken, was es war. Es war die Tatsache, im Supermarkt in München niemand zu kennen. Nie war ich in Rimpar einkaufen, ohne einen Bekannten zu treffen. Ein kurzer Plausch, ein Zunicken. So etwas gefällt mir, so etwas bekomme ich nur von Dir.

Noch heute gehe ich oft zum Einkaufen, wenn ich Dich besuche. Am liebsten in die Metzgerei Hollerbach. Um mich daran zu erinnern, wie es war, nach dem Schwimmunterricht dort ein Leberkäs-Brötchen zu kaufen. Für 80 Pfennig.

Es schmeckte, gerade nach dem Schwimmen, wunderbar. Alle Kinder bissen in ihren Leberkäs, alle hatten ein seliges Grinsen im Gesicht. Hach, die Kindheit.

Als Kind musste ich nur vor die Tür meines Elternhauses

treten und überall waren andere Kinder. Die Freizeit ab der ersten Klasse bis zum fünfzehnten Lebensjahr verbrachte ich täglich auf dem Bolzplatz. Man musste sich nicht verabreden, ein »Drei gegen Drei« war immer möglich, oft waren auch 21 Freunde da. Ich kann den Gummiplatz hinter der Hauptschule noch immer riechen. Und das schöne Mädchen sehen, das oft auf der Stange saß und uns zuschaute. Ich hoffte immer, dass sie wegen mir da saß. Ja, Rimpar, Du hast mir auch Selbstvertrauen gegeben.

Kurz überschlagen habe ich während dieser Zeit 5000 Stunden Fußball gespielt. Nicht auszudenken, wenn ich noch dazu talentiert gewesen wäre.

Aber Du hast nicht nur meine Liebe zum Fußball entfacht, sondern auch ein Gefühl für Freundschaft.

Wahre Freundschaft besteht für mich darin, nicht viel für eine Freundschaft geben zu müssen. Sie ist einfach da. Du hast mir diese Freundschaften gegeben, auch sie waren einfach da. Auf dem Dorf bleiben die Leute an Dir hängen, die dir guttun. Für immer.

Sollte es mir je richtig schlecht gehen, würde ich wohl bei Dir Hilfe suchen.

Du hast mir das Gefühl des Verliebtseins gegeben. Ich erinnere mich daran, als wäre es gestern gewesen: wie ich unter dem Dachfenster meiner allerersten Freundin stand, wie sie mich fragte, ob ich am nächsten Tag wiederkommen würde. Wie mein Herz geschlagen hat.

Natürlich bin ich am nächsten Tag zurückgekommen und natürlich sind wir mittels eines Willst-du-mit-mir-gehen-ja-nein-vielleicht-Zettels zusammengekommen.

Ich erinnere mich an unseren ersten Kuss und an jedes Detail des Spielplatzes, wo es passierte. Und an den Geschmack ihres Lipgloss. Ich kenne sie heute nur noch aus der Ferne, aber ich werde immer ein gutes Gefühl haben, wenn ich an unsere Zeit zurückdenke.

Auch zu Dir werde ich wohl nicht mehr für immer zurückkehren, zu viel Zeit ist vergangen. Wahrscheinlich würde dadurch die Nostalgie und die Sehnsucht nach Dir nur zerstört werden. Wir hatten unsere Zeit.

Aber wir werden immer wieder Feste zusammen feiern. Sei es das Schlossfest, den Fasching oder Feste mit Freunden.

Außenstehende belächeln unsere fränkischen Partys. Dass wir auf jeder, wirklich jeder Party zu später Stunde im Kreis tanzen. Arm in Arm dastehen und zusammen »Irgendwann bleib i dann dort« oder »König von Deutschland« grölen. Manchmal füllt dazu jemand einen Cola-Asbach-Stiefel.

Diese Momente sind für mich der Inbegriff von Heimat. Von Wohlfühlen. Von Zusammenhalt. Vom gemeinsamen Träumen.

Von der Sehnsucht, irgendwo hinzugehen, aber die Gewissheit zu haben, dass die neue Heimat nur die zweite Heimat sein kann.

Ich kann alle verstehen, die geblieben sind. Auch mich hat es nicht fortgezogen, es war Zufall.

Ein sehr glücklicher Zufall, der mir die besten Kinder der Welt beschert hat. Auch sie mögen Rimpar. Es berührt mich, wenn sie über die Wiesen hüpfen, auf denen ich auch gespielt habe. Wenn wir zusammen zum Sportplatz gehen und eine Bratwurst und Eis essen.

Rimpar, Du bist rau, kantig, schroff, direkt, Du bist kein Gentleman, Du bist nicht süß und umgänglich, aber Du bist mein.

Du hast einen eigenen Charme, einen eigenen Humor.

Anfangs wollte ich in München auch witzig sein. Aber keiner lachte.

Lass Dir eben noch eine Anekdote aus Deiner alten Turnhalle erzählen:

Vier Freunde stehen beim Beatabend herum und trinken Bier. Zwei davon haben Hunger und gehen in die Bar, wo ein Buffet angeboten wird. Als sie weg sind, kommt ein fünfter Freund dazu und fragt nach den beiden. Als Antwort bekommt er: »Die sind in der Bar und stopfen die Mäuler.« Darauf er ernsthaft, ohne einen Witz machen zu wollen: »Wer ist denn die Mäuler?«

Bis heute, und ich erzähle die Geschichte oft, hat außerhalb von Rimpar noch niemand wirklich darüber gelacht. In Rimpar dafür sehr. Auch im Humor findet man seine Heimat.

Nur, ich muss nichts mehr suchen, ich muss nichts mehr finden.

Ich bin ein glücklicher Mensch geworden, und Du, Rimpar, hast großen Anteil daran.

In Liebe
Dein Volker

Abtrainieren

Es ist schnell ausgerechnet, wie viel Geld ich für meine Fitness ausgegeben habe. Fast vier Jahre war ich im Studio angemeldet.

Sagen wir volle vier Jahre, auch schon egal. Sofort komme ich aus dem Vertrag sowieso nicht raus.

Also: vier Jahre mal zwölf Monate mal 30 Euro. Macht, geschwind im Kopf ausgerechnet, 1440 Euro. Na ja, geht ja eigentlich. Irgendwie hatte ich eine größere Summe erwartet.

Immerhin habe ich bestimmt acht Mal dort trainiert und war dabei drei Mal in der Sauna. Das sind keine 200 Euro pro Besuch, die Sauna noch nicht einmal abgerechnet.

Von dem Geld konnten sie locker ein halbes Jahr eine Aushilfe einstellen. Eine Aushilfe, die vielleicht zu der Zeit auf das Geld angewiesen war. Die sonst auf die schiefe Bahn geraten wäre. Sich hätte prostituieren müssen. Oder gestorben wäre. Man kann sein Geld schlechter anlegen.

Gut, wenn ich richtig darüber nachdenke, hätte ich mir mit dem Geld wohl auch einfach Fett absaugen lassen können.

Ich bin mit 87 Kilo in den Vertrag reingegangen, jetzt wiege ich 92. Das tut weh.

Etwas Angst habe ich schon davor, ins Studio zu gehen und zu kündigen.

Was ist, wenn sie mich wiedererkennen? Wenn sie sich

gegenseitig anstupsen und lachend sagen: »Da ist der Typ, der seit Jahren Beiträge zahlt und trotzdem lieber auf dem Sofa sitzt und Chips isst. Schau, wie aufgeschwemmt er aussieht.«

Was ist, wenn sie hinter vorgehaltener Hand tuscheln und ich Satzfetzen aufschnappe wie: »… und das hat er nun davon!« Wenn sie dabei auf meinen Bauch zeigen.

Ich bin so gefrustet, dass ich mir gleich eine Tüte Chips aufmache. Die guten Kessel-Chips, die direkt von der Zunge in die Lendengegend flutschen.

Mist, ich hatte so große Hoffnungen, als ich Mitglied wurde. Zuvor hatte ich Urlaubsbilder aus dem Sommer '88 angeschaut und konnte darauf tatsächlich meine Bauchmuskeln sehen.

Irgendwo unter den neun Kilo Bauchfett musste der Sixpack immer noch verborgen sein. Ich wollte ihn wieder freilegen, ihn nach so langer Zeit endlich wiedersehen, wie ein jahrzehntelang vermisstes Familienmitglied.

Wenn das Training nur nicht so langweilig wäre. Leider habe ich keine Freunde, die da mitgekommen wären und mich unterstützt hätten. »Biergarten ist viel geiler«, sagten sie.

Außerdem habe ich damals im Mai unterschrieben, ich Idiot. Im Mai, wenn sich genau diese Freunde melden und dich zum Grillen einladen.

Dann bin ich nämlich genau der Typ, der das Grillen absagt und lieber Gewichte stemmt. Statt Gerichte schlemmt, wo er Gesichter kennt.

Obwohl ich anfangs noch regelmäßig zum Pumpen ging. Dreimal die Woche. Eine Woche lang. Dann verlor ich die Lust.

Nach dem Training fühlte ich mich jeweils so breitschultrig, dass ich seitlich durch die Tür der Umkleidekabine ging. Zu Hause war dann nichts mehr zu sehen und ich war körperlich so am Ende, dass mich sogar meine Kinder im Armdrücken besiegten.

Deshalb verschob ich das »Projekt Wahnsinnskörper« auf den Herbst. Der dann allerdings zu schön war zum Trainieren. Wahrlich ein goldener Herbst. Der wärmste seit Beginn der Wetteraufzeichnungen, da kann mir keiner Vorwürfe machen.

Auch der Winter muss sehr sonnig gewesen sein, denn mehr als drei bis vier Besuche im Studio sprangen auch dann nicht mehr heraus.

Tja, man kann es drehen und wenden, wie man will, meine Tage als Bodybuilder sind gezählt. Zum Abfeiern dieses Entschlusses hole ich mir einen Sixpack von der Tanke. Ha, Sixpack, ich freue mich über diese Ironie des Schicksals.

Danach gehe ich, weil ich nicht mehr fahren kann, im Studio vorbei.

An der Rezeption sitzt ein hässlicher Muskelprotz. Sogar seine Finger sind so muskulös, dass er am Rechner kaum die Tasten trifft. Das hat er nun davon, denke ich.

Gleich gerate ich aber wieder in die Defensive.

»Was«, sagt er, »Sie sind seit vier Jahren hier Mitglied? Ich kann mich gar nicht an Sie erinnern.«

Du würdest dich auf jeden Fall erinnern, wenn du einmal gleichzeitig mit mir in eurer zweitklassigen Sauna gewesen wärst, du Kasper!, denke ich. Bevor du mich von der Seite dumm anredest, solltest du dankbar sein, dass ich dein armseliges Leben finanziert habe.

Ich sage aber: »Ja, das ist kein Sport für mich. Ich habe den Vertrag trotzdem weiterlaufen lassen, weil ich ganz gut verdiene. Jetzt soll aber Schluss sein, zu welchem Datum kann ich kündigen?«

»Hm«, sagt er, »Sie können schon zum nächsten Monatsersten raus. Allerdings ist es Tradition bei uns, dass langjährige Kunden noch ein betreutes Abschlusstraining mit anschließendem Abendessen von uns bekommen. Haben Sie morgen so gegen 17 Uhr Zeit?«

»Ja«, sage ich, fühle mich aber überrumpelt, als ich den Laden verlasse. Ich hoffe darauf, dass nicht er mich betreut und ich jetzt doch noch mit ihm in die Sauna muss.

Mittelmäßig motiviert packe ich am nächsten Tag meine Sportsachen, den Gürtel zum Gewichtestemmen lasse ich im Schrank. Er passt nicht mehr.

Als ich das Studio betrete, bin ich angenehm überrascht. Am Empfangstresen sitzt nicht der aufgepumpte Unsympath vom Vortag, sondern eine etwa 25-jährige, lateinamerikanische Schönheit.

»Sie wollen uns also verlassen?«, fragt sie. »Dabei wäre ich optimistisch, dass man aus Ihrem Körper noch etwas Einzigartiges schaffen könnte.«

Hach, wie toll sie sich ausdrücken kann. Natürlich will sie mir durch die Blume sagen, dass ich ein faules, dickes Schwein bin, aber sie sagt es so charmant. Sie blinzelt mir zu.

Gerade als ich überlege, wie ich sie dazu bringen könnte, das Abschlusstraining zu leiten, öffnet sich die Tür zum Personalbereich. Herein kommt eine Frau, die die Miss World an der Rezeption wie Aschenputtel aussehen lässt.

Sie sieht mich mit ihren himmelblauen Augen durchdringend an, jeder Muskel an ihrem gebräunten Körper ist perfekt definiert. Ich sehe das so genau, weil sie kaum Kleidung trägt. Ein Hauch von nichts umspielt ihre Hüften, ein weiterer ihre einzigartigen Brüste. Bisher waren Winona Ryder und Kate Moss die attraktivsten Frauen des Erdballs für mich. Wie dumm von mir.

»Sie müssen Herr Keidel sein«, haucht sie. »Es ist mir eine große Freude, Sie heute angemessen verabschieden zu dürfen.«

»Ganz meinerseits«, stammle ich und hoffe inständig, dass sich meine Freude unter der Kleidung nicht abzeichnet.

»Weißt du was«, sagt sie, als wir allein sind. »Ich hab auch keinen Bock auf diese dämlichen Übungen, lass uns lieber gleich in die Sauna gehen. Danach trinken wir die Bar leer.« So fühlt sich Verliebtsein an.

Nachdem ich mich fünf Minuten im Eiswasserbecken abgekühlt habe, bin ich bereit, sie in der Sauna zu treffen.

Zum Glück hat sich das Bild ihres Körpers schon vorhin in mein Gedächtnis eingebrannt, weshalb ich sie jetzt nicht dauernd anstarren muss. Trotzdem lege ich sicherheitshalber ein Handtuch über meinen Unterleib. Das Handtuch habe ich in weiser Voraussicht in das Eisbecken getaucht. Dadurch ist es schwer genug.

»Das ist also eure Masche?«, lenke ich ab. »Du wirst auf die männlichen Kunden angesetzt, die ihren Vertrag kündigen wollen?«

»Ja«, sagt sie, »aber bei dir habe ich sofort resigniert. Wäre dir dein Körper wichtig, würdest du nicht so herumlaufen.«

Es macht mich traurig, dass sie recht hat.

Sie merkt das und fügt hinzu: »Aber das ist okay. Man sieht dir an, dass du es dir gutgehen lässt.«

Okay, als Kompliment kann man das noch nicht wirklich gelten lassen, aber sie lächelt sehr süß dazu.

Glücklicherweise kann ich sie dazu überreden, es bei einem Saunagang zu belassen. Ich husche zuerst durch die Tür, springe sofort ins Becken und sprinte danach unter die Dusche. Es geht nicht anders, ich hätte es auf keinen Fall überlebt, sie im Hellen nackt zu sehen.

Später an der Bar mustert sie mich lange, bevor sie sagt: »Nach drei Bier schaust du ganz annehmbar aus.«

Cool, wir nähern uns dem Kompliment in Riesenschritten.

»Du auch«, sage ich, dann lachen wir und bestellen Schnaps.

»Magst du nicht vielleicht doch Mitglied bleiben?«, fragt sie zwei Gläser später. Ich rede mir ein, dass sie keine Provision für meinen Verbleib bekommt.

»Ich kann hier mit keinem trinken«, fährt sie fort. »Die Typen kippen sich alle nur ihre Eiweißshakes rein und reden über ihre Körper. Das langweilt mich. Du trinkst Bier aus der Flasche und sprichst nicht von deinen Muskeln. Von welchen auch?« Sie lacht laut auf und haut mir auf den Oberschenkel. Sie ist nicht nur wunderschön, nein, sie kann auch amtlich feiern und ist witzig. Meine Verliebtheit sprengt die nach oben offene Skala, deshalb setze ich alles auf eine Karte.

»Ich würde meine Selbstachtung verlieren, wenn ich bleiben würde«, sage ich, um mich interessanter zu machen. »Aber lass uns doch mal zusammen weggehen. In den Biergarten oder zum Trinken.« In den Biergarten oder zum Trinken … wie lustig ich doch sein kann.

Ihr Lachen verstummt. Sie schaut mich ernst an.

»Da drüben ist ein Spiegel. Schau da mal rein und danach schaust du mich an. Das müsste dir als Antwort genügen.«

Zum Teufel mit der Selbstachtung, denke ich, zerreiße die Kündigung und bestelle einen Cola-Asbach-Stiefel.

Von der Schippe

Der Ball liegt 18 Meter vor dem Karlsruher Tor. Der HSV wird absteigen, wenn der nächste Schuss nicht im Netz landet. Ich will das nicht mitansehen.

Zum Glück konnte ich mich zwei Jahre auf diesen Moment vorbereiten. Es ist ein wenig so, als hätte der HSV während dieser Zeit auf der Palliativ-Station verbracht.

Er lag in der vergangenen Saison schon in den letzten Zügen und hatte sich noch einmal aufgerappelt. Um dann in dieser Saison wieder in ein tiefes Loch zu fallen.

Die wenigsten haben noch etwas auf sein Leben in der Bundesliga gegeben, dann schlug die neue Labbadia-Methode an – die Bälle einfach nach vorne schlagen und kämpfen – und es gab wieder Hoffnung.

Mit acht Jahren bin ich Fan dieses Vereins geworden. Anfangs lief es richtig gut mit dem Gewinn des Europapokals der Pokalsieger und drei Meisterschaften. Dann kam es zum Höhepunkt, dem Triumph von Athen 1983.

Seither geht es schleichend bergab in Hamburg. Gut, 1987 konnte der DFB-Pokal noch einmal gewonnen werden, aber danach war der UI-Cup das höchste der Gefühle.

Die letzte Woche war dennoch meine bisher intensivste und schönste mit dem HSV. Auch wenn der folgende Schuss in der Mauer hängen bleibt, bin ich in den vergangenen Tagen ein noch größerer Fan geworden.

Zum letzten Bundesliga-Spieltag war ich gegen Schalke im Volkspark. Wir mussten das Spiel gewinnen, um nicht direkt abzusteigen. Selbst ein Sieg konnte eventuell nicht reichen. Aber ich wollte unbedingt dabei sein, auch wenn es der letzte Auftritt als Bundesligist sein sollte.

Als ich in den S-Bahnhof Stellingen einfuhr, spürte ich die Magie dieses Tages. Hier waren alle gewillt, alles zu geben.

Infolge eines Facebook-Aufrufs wollten Tausende vom Bahnhof zum Stadion ziehen und dort für den Mannschaftsbus ein Spalier bilden. Um dem Team zu zeigen, dass wir bei ihnen sind und notfalls zusammen absteigen, allerdings mit wehenden Fahnen.

War ich noch mit einem mulmigen Gefühl angekommen, so überzog beim Anblick der entschlossenen Fans eine Gänsehaut meinen ganzen Körper.

Sie verstärkte sich, als sich der Mob durch den Tunnel auf dem Weg zum Stadion machte.

»Hamburger Jungs! Hamburger Jungs! Wir sind alle Hamburger Jungs!«

Zusätzlich zum Feuerwerk der Emotionen wurden Bengalos gezündet. Ich bekam wenig Luft, war aber glücklich, hier zu sein.

Wenig später war die Sylvesterallee vor dem Stadion von HSVern gesäumt, der Bus wurde abgefeiert, als hätten wir gerade den Meistertitel geholt.

Die Stimmung im Stadion war unbeschreiblich.

Jeder hatte Angst vor dem Abstieg, aber keiner zeigte sie.

57 000 Zuschauer minus ein paar Schalker hatten nur ein Ziel: Heimsieg.

90 Minuten lang wurde gesungen, angefeuert, unter-

stützt. Insgesamt saß ich vielleicht drei Minuten auf meinem Platz.

Alle standen, alle standen unter Strom.

Erst in der zweiten Halbzeit jedoch, nach dem 2:0, fielen die ersten Steine von den HSV-Herzen. Noch nie habe ich im Fußballstadion so viele Fans weinen sehen. Frauen, Ultras, Kindern und Opas liefen Tränen der Erleichterung runter. Nicht umsonst waren die meisten wie ich mit Sonnenbrille unterwegs.

Alle HSVer im Stadion hatten heute diese drei Punkte eingefahren. Dieses Gefühl der Einheit, diesen Zusammenhalt, werde ich nie vergessen.

Auch wenn es durch den Stuttgarter Sieg in Paderborn nur zur Relegation gereicht hatte, war jeder erst einmal erleichtert, mindestens neun weitere Tage Erstligist geblieben zu sein.

Auch die zahllosen Polizisten vor dem Stadion waren wohl froh, dass sie ihre Panzerwagen und Wasserwerfer nicht einsetzen mussten. Bei einem Abstieg hätte es gekracht.

Es war noch nichts entschieden, dennoch hielt ich es für angebracht, bis 4 Uhr zu feiern. Diesen Erfolg konnte mir keiner mehr nehmen.

Ich war mir sicher, dass wir nun die Klasse halten würden.

Nicht mehr ganz so sicher war ich mir nach dem Relegationshinspiel in Hamburg. Ohne mich im Stadion hatte es dieses Mal nur mit Ach und Krach zu einem 1:1 gereicht, also musste ich selbstverständlich zum Rückspiel nach Karlsruhe.

Bei der Ankunft auf dem Parkplatz vor der Gästekurve

war die Stimmung komplett anders als beim Schalke-Spiel. Es war ruhig. Fast gespenstisch.

Ab und zu stimmte ein Betrunkener ein Lied oder einen Schlachtruf an, die meiste Zeit jedoch war es still. Die Leute standen in kleinen Gruppen, ohne Gesänge.

Auch ich hatte schon während der Autofahrt mit Steini gemerkt, dass ich zwar gut gelaunt war, meinen Gedanken jedoch nachhing. Obwohl Steini viel Optimismus versprühte, fühlte ich mich gelähmt und unsortiert.

Es war klar, dass heute eine Entscheidung fallen würde, und nach der schwachen Leistung im Hinspiel war die Euphorie vom letzten Spieltag bereits wieder verflogen. Verdammt, vielleicht würden wir den Wildpark als Zweitligist verlassen.

Auch eben dieses Stadion trug zur Endzeitstimmung bei. Das marode Teil ist eigentlich ein schönes Relikt aus vergangener Zeit, hier kann man den ungeschminkten Fußball von früher noch riechen und spüren. Aber heute drückte es aufs Gemüt.

Ich hatte überhaupt keinen Hunger, quälte mir aber, weil Steini unbedingt noch etwas essen wollte, eine mittelmäßige Wurst und kalte Pommes rein. Absolut zweitligareif, dachte ich, mit so einer Gastro kannst du unmöglich aufsteigen. Diese jämmerliche Leistung am Grill machte mir Mut, vielleicht war diese Stadt noch nicht reif für die Bundesliga. Strohhalmdenken nennt man das wohl.

Eine Stunde vor Spielbeginn stellten wir uns in die Kurve. Wahrscheinlich ging es vielen wie uns. Wir sangen zwar mit, aber hätten wohl am liebsten schweigend vor uns hingeglotzt und zum Fußballgott gebetet.

Als das Spiel endlich angepfiffen wurde, geschah etwas

Unerwartetes. Unsere Mannschaft strahlte schon in den ersten Minuten die Sicherheit aus, die den Fans gefehlt hatte. Ich hatte sofort den Eindruck, dass die Spieler überzeugt waren, hier als Sieger vom Platz zu gehen. Bereits nach fünf Minuten hatten sie öfter aufs Tor geschossen als im Hinspiel.

Die erste Großchance wurde kurz vor der Halbzeit vergeben. In der Pause lief ich planlos herum. Wir mussten in den nächsten 45 Minuten ein Tor schießen, wenn wir nicht in der kommenden Saison gegen RB Leipzig und Fortuna Düsseldorf spielen wollten.

In der zweiten Hälfte verging die Zeit wie im Flug. Die Mannschaft blieb cool, vielleicht etwas zu cool, ich dagegen wurde immer nervöser.

In der 78. Minute fiel aus dem Nichts das 1:0 für den KSC, und ich klinkte mich aus. Komplett.

Ich verabschiedete mich mental aus der Bundesliga. Komischerweise war ich nicht unendlich traurig. Ich war dankbar für die Emotionen der letzten Wochen. Der HSV hatte alles versucht.

Ich war Fan geworden von Gojko Kačar, der gesagt hatte, dass er diesen HSV nicht als Absteiger verlassen würde, und dann diese Worte mit Leben gefüllt hat.

Labbadia, dessen Verpflichtung ich null Komma null verstanden habe, hat mich beeindruckt. Diese Kraft, die ich beim Schalke-Spiel in Hamburg erlebt habe, hat mich umgehauen.

Jetzt waren wir in beiden Spielen gegen den KSC – und ich sage das ganz objektiv – die bessere Mannschaft. Ich fand, dass man so absteigen könne. Erhobenen Hauptes. Und wir würden zurückkommen, der HSV gehört in die Bundesliga.

Dann liegt der Ball besagte 18 Meter vor dem Karlsruher Tor. Freistoß, unberechtigt. Mir doch egal. Van der Vaart kann seine schlimme Saison mit einem einzigen Schuss retten. Ich werde ihn in diesem Fanleben wohl nicht mehr mögen, aber jetzt würde ich ihm das Tor gönnen.

Aber kann ein Fußballer mit dieser unglücklichen Vorgeschichte es überhaupt schaffen, diesen Ball ins Tor zu schießen? Immerhin, van der Vaart stellt sich dieser Verantwortung. Ich selbst hätte mich wohl hinter dem eigenen Pfosten versteckt.

Ich verstehe die ganze Aufregung nicht, denkt sich Marcelo Díaz, und zimmert die Kugel rein.

Es fühlt sich unwirklich an, als das Netz wackelt, weil ich immer noch auf van der Vaarts Ausführung warte. Wie alle. Wie auch die Karlsruher Spieler, vor allem der Torwart.

Dann fühlt es sich schmerzhaft an, weil mir zehn Leute ins Kreuz springen und mir ins Ohr schreien. »Jaaaaaaaaaaaaaa!« Niemand schreit etwas anderes. Noch nie habe ich einen Fanblock derart explodieren sehen.

Es ist unfassbar, wir sind weitere 30 Minuten Bundesligist.

Seit fünfzehn Minuten stehen gefühlte 1000 Polizisten vor unserem Block, die uns nach dem Abpfiff der regulären Spielzeit im Zaum beziehungsweise hinter dem Zaun halten sollen. Jetzt werden sie von hinten attackiert, von Lewis Holtby.

Der ausgewechselte Holtby durchpflügt alle Barrikaden und hüpft wie ein Geisteskranker auf der Tartanbahn herum und macht uns heiß. Wahnsinn, dieser Typ! Er ist einer der wenigen Profifußballer, die für diesen Sport brennen. Ein weiterer großer Augenblick!

Ich umarme alle, die mir nicht ausweichen können. Auch Steini ist gerührt, obwohl er im Hauptberuf eigentlich Löwenfan und der HSV nur seine zweite Liebe ist.

Ich bin mir nicht sicher, ob ich das drohende Elfmeterschießen überleben kann.

Dann, fünf Minuten vor dem Ende der Verlängerung, drückt Nicolai Müller den Ball über die Linie …

»Sechsmal Deutscher Meister! Dreimal Pokalsieger! Immer Erste Liga! HSV!«

Aldi-Stalk

Normalerweise bin ich ja nicht so der Stalkertyp. Vielmehr machen mir Stalker Angst. Ich habe schon von mehreren befreundeten Kleinkünstlern gehört, dass sie von Fans regelrecht verfolgt und belästigt wurden. Komisch, mir ist das noch nie passiert.

Jetzt aber muss ich selbst kurz eine Stalker-Karriere starten. Sagen wir für 20 Minuten.

Denn diese Frau, die mir eben auf dem Aldi-Parkplatz eine 2-Euro-Münze für den Einkaufswagen gewechselt hat, ist einfach zu hübsch.

Immer wieder hört man von Paaren, die sich im Supermarkt kennengelernt haben. Wie soll man sich das denn vorstellen?

»Danke für den Euro, kann ich auch Ihre Telefonnummer haben? Ich kann mir nämlich gut eine Ehe mit Ihnen vorstellen.«

Oder: »Ich habe gerade Wein gekauft. Sehr gerne würde ich Sie einladen, ihn heute Abend mit mir zu trinken. Und vielleicht könnten wir danach sogar etwas Sex haben.«

Nein, das ist mir zu plump. Ich möchte erst mal mehr über sie erfahren, bevor ich sie anspreche.

Und was könnte einem besser verraten, ob eine Frau zu einem passt, als der Inhalt ihres Einkaufswagens?

Vor allem, wenn man in einem Alter ist, in dem man

Wohnungen attraktiver Frauen für gewöhnlich nur noch von außen sieht.

Früher konnte man viele Frauen bereits anhand ihres CD- und/oder Bücherregals durch das Anforderungssieb rauschen lassen.

»Ach wie nett, du hörst Elton John, Barclay James Harvest und PUR? Was, schon so spät, ich muss weg!«, sagte ich damals ungern, aber bestimmt.

Auch eine Frau, die Bücher von Gaby Hauptmann, Barbara Wood und Iny Lorentz besitzt, kann charakterlich nicht einwandfrei sein.

Eine Zukunft mit einem Mädchen, das »Fräulein Smillas Gespür für Schnee« gut findet, ist schlichtweg zum Scheitern verurteilt.

Selten freute ich mich also so sehr auf einen Einkauf wie jetzt.

Galant lasse ich an der Eingangstür der fremden Schönheit den Vortritt vor dem Alter. Den Spruch dazu spare ich mir, um nicht jetzt schon durch ihr Anforderungssieb zu rasseln.

Zielsicher steuert sie als Erstes den Kaffee an und entscheidet sich für einen »bio premium Röstkaffee«. Klasse, sie schaut schon mal nicht aufs Geld. Der »fair trade«-Aufkleber ist ihr einen Euro wert, sie ist sich also ihrer Verantwortung in unserer fragilen Welt bewusst. Auch dass sie Kaffee statt Tee trinkt, macht sie sympathisch. Und es erhöht die Chance, dass sie keine Vegetarierin isst. Kaffeetrinker essen Fleisch.

Den nächsten Pluspunkt holt sie, als sie das echte Nutella in den Wagen packt. Ich werde aufpassen, ob sie später am Kühlregal auch Butter mitnimmt. Nutella ohne Butter geht nicht.

Und jetzt, ja, tatsächlich, sie sucht sich eine weiße Luftschokolade aus. Sie wird immer attraktiver.

Vorsichtshalber wähle ich eine Flasche Barolo aus. Nur für den Fall, dass ich sie doch noch zu mir einladen will.

Sie streicht sich sinnlich durch die Haare, als sie den Brotautomaten rechts liegen lässt. Ich wusste, dass sie kein Aufbackbrot isst.

Ich nehme mir vor, nachher, falls sie meine Einladung annimmt, noch einen Frankenlaib mit Kümmel zu besorgen. Wurstdosen mit rotem und weißem Presssack habe ich noch zu Hause. Das wird sie beeindrucken.

Ich stelle den Barolo wieder zurück, sie ist sicher Biertrinkerin.

Ups, was ist los? Sie nimmt sich eine 6er-Kiste Prosecco von der Palette. Prosecco ist grenzwertig. Hoffentlich ist der für Gäste.

Die Hoffnung wird größer, weil sie Unmengen an Chips und vor allem Flips einlädt. Ich liebe Flips.

Bestimmt hat sie Freundinnen eingeladen und gesagt, dass sie auf keinen Fall für sie koche, weil man dadurch so viel Zeit verliert. Zeit, in der man auch trinken könnte. Die Mädels müssten sich mit Chips zufriedengeben. Eine tolle Frau.

Schön, wie sie den Plastikbierflaschen einen verächtlichen Blick zuwirft, als sie sie passiert.

»Los, spuck sie an!«, flüstere ich.

Bei den Kosmetikartikeln nimmt sie eine Nachtcreme in die Hand.

»Baby, das brauchst du nicht, du bist perfekt«, sage ich beinahe etwas zu laut und lasse mich mit meinem Wagen ein Stück zurückfallen. Sie stellt sie wieder ins Regal. Ich nehme eine für mich.

Im Mittelteil des Ladens läuft sie an den Gartendeko-Artikeln vorbei. Klasse! Die schönste Deko auf einem Gartentisch bekommt man immer noch mit Bierflaschen und einem Aschenbecher hin.

Mein Herz schlägt höher, als eine Flasche Tomatensaft in ihrem Wagen landet. Schon lange will ich einmal eine Bloody Mary außerhalb eines Flugzeugs trinken. Vielleicht schon heute Abend bei ihr. Oder doch bei mir.

Ich suche nach Wodka, Zitronen, Tabasco, Salz und Pfeffer. Sicher wird sie den Wink verstehen und mich ansprechen.

Sie ist so schön, trägt ein bezauberndes Spaghettiträger-Blumenkleid, unsichtbare Unterwäsche und Adidas-Schuhe. Schwarz-weiße Samba. Woah! Ich fühle mich richtig wohl bei meinem ersten Stalking.

Ich werde wieder ein klein wenig gelassener, als sie das Toilettenpapier in die Hand nimmt. Das passt irgendwie nicht zu ihr, dass sie auch aufs Klo geht.

Aber selbst der Kauf von Toilettenpapier sieht würdevoll aus, wenn sie es macht.

Ich vergesse ihren Fehlkauf sofort, als sie die Fleischtheke entlangläuft. Klar kauft man Fleisch besser bei einem guten Metzger, aber sie zelebriert ihre Auswahl. Wie bei einem Schaufensterbummel schreitet sie die Theke auf und ab. Dabei sucht sie sich nur das aus, was ich mir auch ausgesucht hätte.

Keine fertigen Burger, sondern nur das gute Rinderhack. Dazu nicht die Hoeneß-Fabrikwürstchen, sondern die »Würzige Stadionbratwurst«. Die ist sicher auch aus der Fabrik, aber »würzig« und »Stadion« sind eben Argumente, die uns beide überzeugen. Ich küsse die Raute auf meinem Trikot.

Lieber würde ich sie – wie sie wohl heißt? – küssen. Vor allem, als sie sich für ein Rinderfiletsteak entscheidet. So eines muss ich auch haben, auch wenn da wirklich 7,59 Euro auf der Packung steht. Ein einzelnes Steak bei Aldi für fast 8 Euro muss der Hammer sein. Da freue ich mich drauf.

Und stelle mir vor, wie wir am Abend zusammen unsere Steaks grillen, sie halbroh ohne Beilagen mit Bier runterspülen und sie danach sagt: »Lass uns schnell Sex haben, bevor wir das HSV-Spiel anschauen und weitertrinken. Und lass beim Sex bitte das Trikot an, die Raute macht mich extrem heiß.«

Zum Glück stehe ich vor der Gefriertruhe, also halte ich meinen Kopf eine Weile hinein. Ich bilde mir ein, ein Zischen zu hören.

Sie holt sich derweil eine Packung Butter. Bingo!

Apathisch laufe ich ihr an die Kasse nach.

Meine Verliebtheit steigert sich im Handelshof, dem Supermarkt nebenan, in den ich ihr unauffällig folge. Wie ich es auch immer mache, kauft sie dort die Sachen ein, die man im Aldi nicht bekommt.

Heinz Ketchup, Salt & Vinegar-Chips und den guten Quietsche-Grillkäse, den man am Grillabend auch noch essen kann, wenn man eigentlich pappsatt ist.

Paulaner Spezi, eine Kiste Holsten und die *Süddeutsche*, deren Sportteil sie in der Kassenschlange liest. Bisher war alles nur ein Spiel, aber jetzt muss ich sie kennenlernen.

Ich nehme allen Mut zusammen und spreche sie an, nachdem wir unsere Einkaufswägen zurückgebracht haben.

»Entschuldige. Kann ich bitte mein 2-Euro-Stück wieder zurückhaben, das du mir eben gewechselt hast? Ich habe es beim Relegationsspiel des HSV in Karlsruhe beim Wurstkauf als Wechselgeld zurückbekommen und wollte es eigentlich als Andenken behalten.«

Zugegeben, ein selten dämliches Gebabbel, aber etwas Besseres fällt mir auf die Schnelle nicht ein.

»Schön, dass du mich ansprichst«, sagt sie zu meiner Überraschung, »ich habe mich nämlich nicht getraut. Ich war bei deiner Lesung neulich und habe mich sofort in dich verliebt. In deinen Büchern hab ich mich schlau gemacht, worauf du so stehst. Das war sehr einfach, du bist ja als Mensch nicht so komplex. Also habe ich versucht, mich aufzuhübschen …«

»Gelungen«, werfe ich kurzatmig ein.

»… und habe dich am Parkplatz abgepasst. Gut, ich hätte nicht gedacht, dass ich dich beim Kaffee schon am Wickel habe, aber es hat wahnsinnig Spaß gemacht, dich so geifernd durch die Manege zu führen. Weil es so leicht war, habe ich kurz an deiner Coolness und meiner Verliebtheit gezweifelt, aber der Spruch mit dem 2-Euro-Stück hat mir wieder gezeigt, was ich an dir so liebe. Hast du Lust, mit zu mir zu kommen? Wir grillen und trinken ein paar Bier. Ich habe alles, auf das du stehst.«

Es geht mir eigentlich gegen den Strich, so dermaßen überrumpelt und ausgenutzt zu werden, aber ich höre mich stammeln: »Gerne. Sehr gerne. Ich bin dabei. Du bist der Hammer. Ich bin verliebt. Wollen wir zusammenziehen?«

Eine halbe Stunde später stehe ich vor ihrem Bücherregal, während sie den Grill anschmeißt. Wie cool, denke ich, während mein Blick über die Buchrücken schweift, wo ist der Haken an dieser Frau?

Charles Bukowski, Philippe Djian, Selim Özdoğan, Hunter S. Thompson, Horst Evers, Paul Auster und Haruki Murakami.

Ich kann mein Glück kaum fassen, bis ich eine grausame Entdeckung mache. Ich zwicke mich, schlage meinen Kopf gegen die Wand, aber ja, wirklich, da steht »Fräulein Smillas Gespür für Schnee«.

Angeknockt gehe ich auf die Terrasse und stelle eine böse Falle.

»Ah«, sage ich, »du hast ›Fräulein Smillas Gespür für Schnee‹. Tolles Buch, oder?«

Sie schaut mich streng an, sagt dann: »Dieses Buch hat mir mein Ex-Freund geschenkt. Ich habe es nach drei Vierteln zugeklappt und Schluss gemacht. Sag mir, dass du das nicht ernst gemeint hast.«

»Hab ich nicht«, sage ich, küsse sie und beiße glücklich in mein blutiges Rinderfiletsteak.

Vom Kino in die Traufe

Irgendwie wollte keiner mit mir in diesen Film gehen. Aber ich hatte zur Vorbereitung auf meine eigene Pilgerreise nach Hamburg das Buch »Der große Trip« gelesen und wollte nun auch den Kinofilm sehen. Es geht um eine junge Frau, die alleine durch die amerikanische Wildnis wandert.

»Auf so 'nen Psycho-Selbstfindungskack hab ich keine Lust«, hatte Breiti gemotzt und alle anderen Ähnliches von sich gegeben.

Trotzdem wollte ich nicht Monate auf die DVD warten, ich wollte JETZT ins Kino.

Wie durch eine göttliche Fügung stieß ich auf einen jetzt.de-Artikel über das Alleine-Ausgehen.

Ich wollte JETZT ins Kino, keiner wollte mich begleiten, und ich fand auf JETZT.de einen Essay zu genau diesem Thema.

Ist ja JETZT gut, mag manch einer sagen, aber auf so einen Zufall kann man durchaus mal hinweisen: JETZT Kino alleine, JETZT Artikel über alleine.

Das ist doch Wahnsinn! Noch während ich mich über meine unsensiblen Freunde aufregte, entdeckte ich diesen Link. Man muss da JETZT nicht ewig drauf rumreiten, aber auch das ist ein Wink. Link! Wink!

Im Artikel wird eine Studie des »New York Magazine«

vorgestellt. Laut einer Umfrage geht keiner gerne alleine ins Kino, zu einem Konzert, Kaffee trinken und tanzen.

Das mit dem Kaffeetrinken verstehe ich nicht, aber alles andere kann ich nachvollziehen. Kino und vor allem Konzert sind klar, alleine tanzen geht überhaupt nicht.

Ich kann mich in meinem Alter ja wohl nicht alleine auf die Tanzfläche begeben. Da würde ich Angst vor mir selbst bekommen, von den armen Studentinnen ganz zu schweigen.

Wenn mich als Studentin ein tanzender Mittvierziger anlächeln würde, würde ich sofort die nächste Polizeidienststelle anlaufen und ein Phantombild anfertigen lassen.

Die Botschaft der Forscher lautet: »Da draußen gehen riesige Mengen an Spaß ungehabt verloren, weil wir uns nicht trauen!«

Ich freute mich sehr über das Wort »ungehabt« und fasste den Entschluss, mich zu trauen.

Zumal im Artikel behauptet wird, dass das Gefühl des Unwohlseins schwindet, sobald die Aktivität zielgerichtet ist.

Ich nahm mir vor, ein Schild mit der Aufschrift »Ich habe durchaus Freunde, aber die wollen diesen Film nicht sehen!« zu basteln.

Ich las weiter. Sehr interessant! Es wurden Studenten eingeladen, eine Kunstausstellung zu besuchen. Manche in Gruppen, manche alleine. Alle mussten vorher auf einer Punkteskala den Spaß bewerten, den sie vom Besuch erwarteten, und hinterher den Spaß, den sie tatsächlich hatten.

Und siehe da, die Probanden in der Gruppe prognostizierten einen doppelt so großen Spaß wie die Solisten, am Ende gaben jedoch alle fast identische Wertungen ab.

Der Artikel hielt außerdem einen prima Tipp für mich parat. Im Notfall solle man sich einen Zettel und einen Stift mitnehmen und so den Eindruck erwecken, man wäre beruflich unterwegs.

Vielleicht könnte ich ja tatsächlich das Beste aus dieser unwürdigen Situation herausholen und irgendeine kranke Geschichte über den Kinobesuch schreiben.

Am frühen Samstagabend ging das Abenteuer los. Ich musste also 45 Jahre alt werden, um das erste Mal alleine ins Kino zu gehen.

Schon in der S-Bahn fühlte ich mich unwohl. Weil ich nicht den Block und den Kuli herausholte, sondern mein Fahrbier. Aber wenn man am Samstag in die Stadt fährt, muss man dabei ein Bier trinken, das hat einfach nichts mit dem Alter zu tun.

Obwohl ich durchaus Grund zum Feiern hatte – schließlich war dem HSV am Nachmittag nach Wochen wieder mal ein Heimsieg gelungen –, war mir mulmig zumute.

Noch peinlicher wurde es, als die Jugendlichen vom Vierer-Sitz gegenüber mit mir anstießen. Ja, sie hatten Freunde und ich hatte nicht einen einzigen Menschen gefunden, der mit mir ins Kino wollte. Ich stellte mir vor, wie ich mit sechzig mit einem Kissen am Fenster meiner Mini-Wohnung sitzen und die vorbeifahrenden Autos anschauen würde. Autos, in denen feiernde Leute sitzen. Leute, die jede Menge Freunde haben.

Ich war sehr froh, am Isartor endlich aussteigen zu können. Intuitiv lief ich hinter Menschengruppen her, damit man glauben konnte, ich gehöre dazu.

»Ich habe reserviert«, sagte ich an der Kinokasse. »Ja, nur eine Karte, ich bin Filmkritiker.«

Wahrscheinlich war ich in der Geschichte des Kinos nicht der erste Gast, der sich alleine einen Film anschaut, aber ich fühlte mich so.

Der Student an der Kasse durchschaute meine Notlüge anscheinend, denn er sah mich so mitleidig an, als würde er mir gleich zusammen mit dem Ticket eine Packung Rasierklingen über den Tresen schieben. Ich hätte nicht garantieren können, sie nicht zu benutzen.

Ich hatte den Platz in der letzten Reihe ganz außen gewählt, so würden mich möglichst wenige andere Besucher sehen.

Ich zückte den Block und den Stift und schrieb alibimäßig: Einsamkeit, ziemlich schlechteste Freunde, Hauptsache die anderen haben Spaß, Rasierklingen, Drecksstudie, Dackel kaufen, Rache, Eiskonfekt.

Das Eiskonfekt schmeckte gut, aber der Film zog mich wieder runter. Anfangs ging es noch, weil es der Trulla auf dem Pacific Crest Trail auch schlecht ging und sie zuerst einem aussichtslosen Weg zu sich selbst folgte. Mit Fortdauer des Films zog sie sich jedoch selbst am Schopf aus dem Sumpf und wurde am Ende gar Bestsellerautorin.

So ein Streifen macht nur Mut, wenn man sich bereits auf der Sonnenseite des Lebens befindet. Diese Frau hatte natürlich viele schlimme Dinge erlebt, aber sie war bestimmt nie alleine im Kino.

In den Reihen vor mir knutschten die Pärchen. Dieses unsensible Pack!

Bevor am Ende alles richtig happy wurde, verließ ich den Saal.

Ich brauchte einen Strohhalm, an den ich mich klammern konnte. Einen Ort, an dem die Menschen noch verzweifelter waren und an deren Traurigkeit ich mich wieder aufrichten konnte.

Und tatsächlich, im Stadtanzeiger wurde ich fündig: Im Schlachthof stieg eine Ü-30-Party. Im Schlachthof, wie passend. Die Opfer, die da hingehen würden, könnten mich wohl retten.

Nachdem ich den Club betreten und mich umgesehen hatte, musste ich an der Bar nachfragen, ob ich auf der richtigen Veranstaltung gelandet war. Vielleicht war das Motto auch »Endlich Rente«.

Natürlich hatte ich schon davon gehört, dass sich auf einer Ü-30-Party auch ältere Menschen tummeln, aber die meisten der Gäste hier konnten sich wohl gar nicht mehr an ihren 30. Geburtstag erinnern.

Bei einigen war ich mir nicht sicher, ob sie sich überhaupt noch an irgendetwas erinnern konnten. Wahrscheinlich nicht einmal an den Zivi, der sie kurz zuvor hier abgeliefert hatte.

Blöderweise waren alle auch noch super gelaunt. Alle tanzten und grölten die Gassenhauer textsicher mit.

Als »Der Teufel und der junge Mann« von Paola gespielt wurde, konnte ich nicht anders. Ich musste auf die Tanzfläche, ich konnte mein Lieblingslied unmöglich verraten.

Man kann es nicht hören, man kann es nicht sehen, es tut oft weh und es ist doch schön …

Trotz allem ehrte es mich, wie mich die Damen anschmachteten. Es wunderte mich zwar, dass sie sich ohne jegliche Gehhilfe über das Parkett schieben konnten, aber zumindest fanden sie mich attraktiv. Ich blendete aus, dass ich für sie einfach nur Frischfleisch war. Mein Charakter war ihnen egal.

Es zeichnete sich ab, dass ich mich nur etwas mit ihnen unterhalten müsste, um das nächste Mal in Begleitung ins Kino zu gehen, aber ich zog es dennoch vor, die Veranstaltung zu verlassen.

Am S-Bahnhof Gröbenzell entschied ich, noch einen Absacker in der »Hexe« zu trinken. Mit diesen Bildern im Kopf konnte und wollte ich mich unmöglich ins Bett legen.

Kaum hatte ich die Kneipe betreten, sah ich sie schon. Meine angeblichen Freunde, die den Kinobesuch ohne Angabe von Gründen abgesagt hatten und jetzt Schafkopf spielten.

Kopfschüttelnd setzte ich mich neben sie.

»Schafkopf kann man doch auch noch mit 60 spielen, wollt ihr überhaupt nichts mehr erleben?«

»War es so schlimm alleine im Kino?«, fragte Andi nach.

»Überhaupt nicht«, log ich. »Man muss sich nur darauf einlassen. Es ist toll, sich einmal auch die Trailer konzentriert anzuschauen. Und während des Films den eigenen Gedanken nachzuhängen und Schlüsse für das eigene Leben zu ziehen.«

Alle schauten mich sorgenvoll an.

»Was ist los mit dir?«, wollte Ralf wissen. »Willst du drüber reden? Oder willst du mitspielen, um wieder in die Spur zu kommen?«

»Nein, alles in Ordnung«, log ich. »Nach dem Kino war ich noch schön tanzen … aber ich will nicht weiter stören, ich setze mich lieber an die Theke und denke etwas nach.«

»Na dann«, beendete Holger das Gespräch. »Herz sticht!«

Wahnsinnig gerne hätte ich mitgespielt, aber sie sollten

merken, dass sie etwas verpasst hatten. Dass man nur gewinnen kann, wenn man sich etwas traut.

Mein erwarteter Spaßfaktor hatte vor dem Weggehen bei drei von zehn Punkten gelegen, jetzt konnte ich – nach kurzem Überlegen – ohne Übertreibung einen Punkt vergeben. Immerhin, einen Punkt. Einen ganzen.

Ich zögerte. Doch man kann nur etwas gewinnen, wenn man sich traut.

Also ging ich zurück zum Tisch.

»Kann ich doch mitspielen?«

Großer Sport

»Keidel! Halt dich fest!«, schrie Klafke in den Hörer. »Ich hab gegoogelt. Bei euch ist am Wochenende am Olchinger See 'ne Bierrallye. Ich hab uns angemeldet. Wir haben mit dem HSV seit 1987 nichts mehr gewonnen. Den Rallye-Titel holen wir uns.«

Klafke hat sich in den 18 Jahren, in denen ich in München wohne, nicht öfter als fünf Mal bei mir blicken lassen. Aber für eine Bierrallye wollte er die 600 Kilometer aus Würzburg und zurück gerne auf sich nehmen. Ob er wohl Bier lieber mag als mich? Was für eine blöde Frage. Natürlich mag er Bier lieber als mich!

Trotzdem freute ich mich darauf, wieder einmal etwas gemeinsam zu unternehmen. Nachdem Klafke mir jedoch die Regeln dieses Events erläutert hatte, war ich mir nicht sicher, ob diese Rallye eine bleibende Erinnerung hinterlassen würde.

Jedes Zweierteam bekommt eine Kiste Beck's mit 24 Flaschen à 0,33 Liter und muss drei Mal um den Olchinger See laufen, was einer Gesamtstrecke von etwa fünf Kilometern entspricht. Sieger ist, wer die Strecke als Erster mit leerem Kasten bewältigt hat.

»Meinst du, das Spiel hat ein Mann oder eine Frau erfunden?«, fragte ich Klafke.

»Wenn es eine Frau erfunden hat, möchte ich sie auf jeden Fall kennenlernen«, antwortete er. »Aber du wirst lachen, es dürfen auch Frauenteams antreten. Sie dürfen zu dritt sein und Radler trinken.«

Ich lachte nicht. »Hm, lecker Radler! Da würden wir wahrscheinlich Tage brauchen.«

Sowieso machte ich mir Sorgen um Klafke, weil ich mich nicht erinnern konnte, ihn jemals Pils trinken gesehen zu haben. Außer zum Arbeiten hat er eigentlich immer ein Weißbier in der Hand.

»Schaffst du überhaupt zwölf Pils?«, fragte ich deshalb nach.

»Ich reise schon am Donnerstag an«, sagte er trocken, »dann legen wir die Taktik fest und machen ein Kurztrainingslager.«

Er schien sich sehr zu freuen und die Sache ernst zu nehmen.

Und tatsächlich saßen wir am Donnerstag in der »Hexe« und bestellten ein Beck's nach dem anderen. Es schmeckte und lief gut. Am meisten Spaß machte es jedoch, unsere Strategie zu besprechen.

Am Seeufer würde es zwei Kontrollpunkte geben, an denen getrunken werden darf, um sicherzustellen, dass niemand Bier wegschüttete.

Die Möglichkeiten für einen Matchplan waren also vielfältig. Man könnte theoretisch die 24 Bier zu Beginn trinken und dann die fünf Kilometer laufen.

Das wäre sicher sehr lustig, aber wenig erfolgversprechend.

Vielleicht wäre es sinnvoll, zuerst alles zu laufen und im Ziel zu trinken. So müsste man allerdings das ganze Gewicht über die gesamte Strecke tragen.

Oder man könnte an den insgesamt sechs Kontrollpunkten jeweils vier Bier kippen und dann gechillt ins Ziel laufen. Vom Trinken her war diese Option sicher die angenehmste.

Als ich auf dem Weg zur Toilette an der Theke vorbei lief, hörte ich einen Typen zu seinem Kumpel sagen: »Wir trinken auf jeden Fall am Start, was reingeht.« Vor ihnen standen zwei Beck's. »Und wir brauchen Handschuhe!«

Sie sahen hochprofessionell aus und trugen Laufschuhe. Was für ein Zufall, dass noch ein Team die »Hexe« als Trainingslager nutzte.

»Wir trinken auf jeden Fall am Start, was reingeht«, schlug ich Klafke vor, als ich zu unserem Tisch zurückkam. »Und wir brauchen Handschuhe!«

Unsere Taktik stand also, weshalb wir uns darauf verlegten, das Trinken zu perfektionieren. Wir ließen uns zum Abschluss jeweils drei Beck's servieren und versuchten sie zu exen.

Leider mussten wir dabei so lachen, dass wir es nicht schafften. Die Jungs von der Theke waren dennoch beeindruckt.

Wir zwinkerten ihnen beim Verlassen des Lokals siegessicher zu.

Am Freitag kauften wir ein Paar Handschuhe, fuhren mit dem Bus in einen etwa fünf Kilometer entfernten Supermarkt, kauften eine Kiste Beck's und joggten nach Hause, ich links, Klafke rechts. Wir wollten uns nicht vorwerfen müssen, die Vorbereitung nicht ernst genommen zu haben. Obwohl wir unterwegs nichts tranken, wurden wir argwöhnisch beäugt.

Als wäre es etwas Ungewöhnliches, wenn zwei erwachsene Männer mit einer Kiste Bier in der Gegend herumrennen und dabei Handschuhe tragen.

Noch Monate später wurde ich von Freunden und Bekannten gefragt, was da los gewesen sei.

Als wir schweißgebadet bei mir zu Hause ankamen, tranken wir nicht mehr viel, die Erschöpfung war zu groß. Die Idee, mit dem vollen Bierkasten bis zum Ziel zu laufen und erst dort zu trinken, verwarfen wir nach dieser Erfahrung sofort. Zumal knappe 30 Grad angekündigt waren und das Bier im Ziel wohl recht warm wäre.

Am nächsten Morgen, dem Tag des Wettkampfs, hatten wir Muskelkater und Schwielen an den Händen. Klafke war dennoch gut drauf und hatte Lust auf ein Weißwurstfrühstück.

Die Weißwürste bekam er – schließlich brauchten wir eine gute Grundlage –, das Weißbier verbot ich ihm. Er sollte Punkt 15 Uhr zum Startschuss richtig Durst haben.

Als wir um halb 3 am See ankamen, war ich schockiert. Vor uns standen plötzlich die beiden wohl talentiertesten Biertrinker des Landkreises, Michi und Ludwig.

»Macht ihr auch … seid ihr etwa auch dabei?«, stammelte ich verstört.

»Nein, auf keinen Fall«, sagte Ludwig bestimmt. »Es gibt 0,33er-Flaschen, das ist würdelos.«

Auch Michi schaute verächtlich. Von ihm stammt der legendäre Ausspruch: »Ich bin nicht gut im Wenig-Bier-Trinken. Wobei ich langsam besser werde, früher war's Wahnsinn.«

Ich atmete auf. Hätten die beiden mitgemacht, wäre der erste Platz vergeben gewesen. Auch wenn sie rückwärts gelaufen wären.

Wir zahlten die 20 Euro für die Startnummern und das Bier. Welches wir allerdings nach dem Start, wie wir erst jetzt erfuhren, von einer 50 Meter vom Ufer entfernten, künstlichen Insel abholen mussten. Zum Transport des Kastens auf dem Wasser erhielten wir ein kleines Surfbrett aus Styropor.

Die smarten Typen von der Hexen-Theke belächelten uns in ihren Neoprenanzügen.

»Das muss ich irgendwie überlesen haben, aber unsere Chancen werden dadurch nicht schlechter«, sagte Klafke, während er seine Kleider ablegte. Ich war ihm dankbar, dass er seine Boxershorts anließ.

»Du bleibst bitte hier und ruhst dich aus«, raunte er mir zu. »Wir beide wissen, wie schlecht du schwimmst.«

Das stimmte, Klafke dagegen hatte früher in der Schule alle Schwimmwettkämpfe gewonnen.

Ich kenne nur einen besseren Schwimmer, der jetzt allerdings eine noch größere Sensation als Klafke gewesen wäre.

Mit Uli habe ich früher beim SC Laim gespielt. Noch früher war er DDR-Leistungsschwimmer. Auf einer Isarfloßfahrt unserer Mannschaft ist er – weil das Bier ausgegangen war – mit 20 Euro in der Badehose vom Floß gesprungen, zum Ufer geschwommen und zum Kiosk gerannt. Dort hat er in Windeseile eine Kiste Bier gekauft, ist mitsamt der Kiste in die Fluten gesprungen und untergetaucht. Kurze Zeit später ist er, die Kiste am ausgestreckten Arm, wieder aus dem Wasser aufgetaucht und einarmig zum Floß gekrault. So ist Uli zur Legende geworden.

Gerne würde ich diesen Arm durch den Olchinger See pflügen sehen, muss aber mit Klafke vorliebnehmen. Doch ich glaubte an ihn und war froh, nicht mitschwimmen zu müssen.

Insgesamt waren 17 Teams am Start, komischerweise ausschließlich Männer. Verständlich, zu erniedrigend ist es doch, zu dritt zu starten und Radler trinken zu dürfen.

Nach dem Startschuss sprangen also 33 Männer ins Wasser. Ich war echt der einzige Teilnehmer, der am Ufer blieb. Aber was hätte es gebracht, wenn Klafke an der Insel zwei Minuten auf mich hätte warten müssen. Und wenn ich dann, von Krämpfen geplagt, nicht mehr anständig hätte laufen können.

100 Meter? So weit war ich das letzte Mal in der 11. Klasse geschwommen. Wenn überhaupt.

Schade, dass ich noch nicht trinken konnte, während Klafke schwamm. Durstig wäre ich mittlerweile gewesen.

Wie erwartet setzte sich Klafke sofort ab und war als Erster an der Insel. Geiler Typ!

Auch bei der Bierausgabe ging alles glatt. Klafke stellte das Bier in die Mitte des Boards und schwamm kerzengerade und hochkonzentriert zurück. Währenddessen spielten sich hinter ihm zum Teil slapstickartige Szenen ab.

Bierkisten rutschten von den Brettern, Flaschen fielen ins Wasser, die Tollpatsche tauchten hinterher. Peinlich. Fand ich, der am Ufer stand.

Schöner als ein Bond-Girl, weil mit Bierkiste, stieg Klafke aus den Fluten.

»Komm, lass uns gemütlich ein Bierchen trinken«, schlug ich ihm vor.

»Dann kannst du ein wenig trocknen. Und derweil schauen wir uns die lustigen Menschen im Wasser an. Für mich sind wir ab jetzt Favorit.«

Um ein weiteres Ausrufezeichen hinter unser Team zu setzen, exte ich die beiden ersten Biere. Sogar Michi und Ludwig nickten anerkennend.

Meine Aktion mochte spektakulär gewesen sein, gut tat sie mir nicht. Mir war schlecht, mir war heiß, und aufs Laufen hatte ich gar keine Lust. Ich konnte Klafke nur halbherzig bei seinen zwei Bieren helfen, dann mussten wir los. Einige Teams waren uns bereits auf den Fersen.

Unter Umständen sahen wir aus wie Vollidioten, wie wir mit Shorts, T-Shirts und Handschuhen über die Strecke huschten. Ich betete zu Gott, dass uns niemand sah, der uns schon am Vortag auf dem Rückweg vom Getränkemarkt gesehen hatte. Oder dass mich überhaupt jemand erkannte.

Vor allem die badenden Kinder und ihre Mütter schauten uns verständnislos hinterher. Die Väter dagegen fragten nach, ob sie denn ein Bier haben könnten. Jeder fragte das, da ist der Mann wohl sehr einfach gestrickt. Das erste Mal war es lustig, spätestens beim dritten Vater nervte es gewaltig.

»Nein, du kriegst keines!«, schrie Klafke jeden an, der unser Bier fixierte.

Jetzt schauten uns alle verständnislos hinterher.

Und wir schauten bereits den ersten Teams hinterher, die uns überholten. Was war das bloß für eine blöde Idee, hier mitzumachen. Ich merkte die Wirkung des Biers schon und 20 Flaschen wollten noch getrunken werden.

Trotzdem war ich froh, als wir am nächsten Kontrollpunkt ankamen. Mein Durst war nicht sehr groß, aber lieber trank ich, als in der Hitze rumzulaufen. Wieder quälte ich mir zwei Pullen rein, Klafke schien das Trinken gar nichts auszumachen, weshalb er gleich drei Flaschen trank.

Viel leichter wurde der Kasten leider nicht, der Griff schnitt sich mehr und mehr in meine Hände.

Blöd war außerdem, dass wir bei den Handschuhen gespart und nur ein Paar gekauft hatten. So mussten wir immer, wenn wir die Seiten wechseln wollten, auch die Handschuhe wechseln.

Nach ungefähr der halben Strecke konnte ich meinen Augen nicht trauen. Michi und Ludwig zogen feixend an uns vorbei.

Auf Nachfrage erklärte uns Ludwig, dass sie sich am Start all die Dilettanten nicht mehr anschauen konnten und sich spontan entschlossen hatten, doch noch mitzumachen.

»Außerdem würde die gleiche Menge Bier im Biergarten mehr als das Dreifache kosten. Und wir wollten uns eh etwas die Beine vertreten«, ergänzte Michi.

Wir versuchten, eine Etappe lang im Trinkschatten der beiden zu bleiben, aber als wir an der nächsten Station die Kronkorken knallen ließen, mussten wir uns eingestehen, in dieser Liga nicht mittrinken zu können.

Die letzte Runde wurde zum Desaster. Es ging mir nicht nur körperlich schlecht, ich musste mir auch noch Klafkes Spott anhören.

In einer Endlosschleife sang er: »Auf geht's Keidel, kämpfen und siegen!«

Dazu bot er mir immer wieder Zigaretten an.

Die Vorstellung, eine rauchen zu müssen, brach meinen Willen, das Ganze mit Anstand über die Bühne zu bringen. Ich rannte ins Gebüsch und erbrach die ersten Biere in kurzen, sportlichen Schwällen. Erst beim Zurücklaufen sah ich die Hortbetreuerin meiner Kinder.

»Geht es Ihnen nicht gut, Herr Keidel?«, fragte sie besorgt.

»Äh, hihi, hab was Falsches gegessen«, lallte ich und versuchte meine behandschuhte Hand hinterm Rücken zu verbergen, dann suchte ich das Weite. Erst später wurde mir bewusst, dass ich wohl besser die Wahrheit gesagt hätte.

Was denkt man nur von einem Typen, der sich völlig verschwitzt und besoffen am See übergibt und dazu einen Arbeitshandschuh trägt? Mir blieb nichts als die Hoffnung, dass ich am Montag keinen Besuch vom Jugendamt bekäme.

Im Zielbereich, ich hatte den Überblick verloren, wie viele Teams an uns vorbeigezogen waren, mussten wir die vier letzten Biere trinken. Das erste bekam ich gerade noch hinunter, weil ich ja wieder etwas Platz im Magen geschaffen hatte, beim zweiten ging beim besten Willen nichts mehr.

»Ich glaube, mein Schluckmuskel hat zugemacht«, ließ ich Klafke wissen. »Bitte, trink du es leer …«

»Ja klar, vielleicht schwimmt ja sogar noch etwas von deiner Weißwurst von heute Morgen in der Flasche herum«, sagte Klafke sichtlich amüsiert.

Weil es auch sehr amüsant war, den ganzen Verrückten beim Zieleinlauf zuzuschauen, und weil wir wussten, dass wir diesen Titel heute sicher nicht gewinnen würden, ließ ich mir Zeit beim Austrinken.

Schließlich war es das letzte Bier des Abends, vielleicht meines Lebens.

Kurz nach unserem endgültigen Zieleinlauf kam es auch schon zur Siegerehrung. Den Pokal holten zwei Typen, die sich ernsthaft darüber freuten, dass die Trophäe mit Bier gefüllt war. Das ist krank. Sehr krank.

Michi und Ludwig wurden sensationell Dritte, obwohl sie erst zehn Minuten nach allen anderen gestartet waren.

Wir holten, obwohl wir nach dem Schwimmen noch geführt hatten, einen beschämenden 15. Platz. Traurig blickte ich Klafke an.

Er war überhaupt nicht sauer, obwohl er sich mit einem anständigen Partner wohl in Richtung Europapokal getrunken hätte.

»Kopf hoch«, sagte er, »ein 15. Platz ist gar nicht so schlecht. Wenigstens müssen wir dieses Mal nicht in die Relegation.«

Ois easy

Ich verstehe nicht, wovor Männer sich fürchten, wenn sie mal ein ganzes Wochenende auf die Kinder aufpassen müssen.

Da macht man sich einfach locker und genießt die Zeit mit den kleinen Spätzchen.

Ich jedenfalls freute mich sehr auf die Zeit mit Luzie und Tom. Ich hatte auch schon eine Vorstellung von diesem Wochenende. Eine falsche Vorstellung.

Am Freitagnachmittag holte ich sie im Hort ab. Auch die Kinder schienen sich zu freuen, hofften sie doch in Abwesenheit ihrer Mutter auf Fernsehen, Süßigkeiten und Fastfood.

Ich kann nicht abstreiten, dass ihre Hoffnung nicht ganz unbegründet war und ich es mir ab und zu schon einfach gemacht hatte beim Kinderbetreuen.

Die folgenden Tage wollte ich aber zum Vorzeigevater mutieren und alles richtig machen.

Den Einkauf im Supermarkt hatte ich schon erledigt und somit den ersten Streit verhindert. Wie weitsichtig man sein konnte, wenn man sich nur Gedanken machte.

Auch der Einkauf selbst war kulinarisch, pädagogisch und gesundheitlich wertvoll. Am Morgen hatte ich mir vom alten HSVer Tim Mälzer ein Rezept ausgesucht, es sollte Forelle mit Mangoldgemüse und Salzkartoffeln geben.

Gab es dann auch. Für mich alleine.

Die Kinder zeigten sich sensibel und motzten nicht, stocherten aber lustlos auf ihren Tellern herum. Sie wussten, wie viel Mühe ich mir gegeben hatte, schließlich hatte ich es ihnen oft genug gesagt.

Weil sie so lieb waren, bestellte ich ihnen beim Lieferservice eine Pizza Hawaii. Auch ich bekam ein Stück davon ab. So gut die Forelle auch war, die Pizza schmeckte einen Tick besser. Und gesund war sie auch. So viel Obst hatte ich lange nicht mehr gegessen.

Um bei meiner nächsten Kochsession in Sachen guter Ernährung noch Luft nach oben zu haben, gab es zum Nachtisch Eis am Stiel. Man kann nicht sofort alles perfekt machen.

Hinterher freute sich Luzie über meine Idee, unsere Brettspiele aus dem Schrank zu holen. Tom freute sich weniger. Zärtlich streichelte er das iPad, als er es wegpacken musste.

Letztlich hatten wir dann aber doch alle Spaß beim »Mensch ärgere dich nicht«. Eine Runde lang. Dann holte Tom ein total simples Mühlespiel mit nur sechs Steinen aus dem Schulranzen. Er hatte es von Opa bekommen und dieser hatte ihm wohl eine todsichere Strategie mitgeliefert. Ich verlor zehnmal hintereinander und konnte den Trick nicht durchschauen. Luzie lachte sich kaputt. Nach der zwanzigsten Niederlage hatte ich keine Lust mehr und legte eine DVD ein.

Ich hatte kurz überlegt, Tom zur Strafe Textaufgaben lösen oder ein T-Shirt batiken zu lassen, aber »E.T.« und Chips waren auch okay. Selbstverständlich hatte ich Light-Chips besorgt. Sehr gesund!

Satt und zufrieden gingen wir zeitig ins Bett. Der nächste Tag würde anstrengend werden. Zum Glück wusste ich zu dem Zeitpunkt noch nicht, wie anstrengend.

Ich hatte den Wecker auf halb 8 gestellt, die Kinder weckte ich, indem ich laut »Legoland!« rief – was noch nicht mal gelogen war.

Eine halbe Stunde später ging es schon los.

Nach zehn Minuten auf der Autobahn hatte Tom Hunger. Mist, ich wusste, dass ich etwas vergessen hatte. Im Kühlschrank lag eine Brotzeitdose mit Tomaten, Gurkenstücken und Apfelschnitzchen. Wie ärgerlich, ersatzweise gab es von der Tanke Knoppers und Kakao. Milch ist wichtig.

Weitere zehn Minuten später platzte ein Hinterreifen. Was ein wenig peinlich war, weil es der Ersatzreifen war. Schon eine Woche zuvor hatte ich eine Panne und der ADAC hatte meinen Reifen gewechselt. Ich hoffte inständig, dass nicht wieder derselbe »Gelbe Engel« vorbeikommen würde.

Ich habe nicht wirklich Glück mit meinen Autos. Der ADAC musste schon so oft anrücken, dass wahrscheinlich jedes Mitglied in Deutschland alleine wegen mir im Jahr 5 Euro mehr zahlen muss.

Auch für die Kinder ist es mittlerweile nichts Besonderes mehr, im Abschleppauto mitfahren zu dürfen. Im Gegenteil, sie weinten Krokodilstränen, weil es für das Legoland langsam zu spät wurde.

»Welchen Wagen möchten Sie dieses Mal?«, fragte die Dame an der Rezeption der Autovermietung. Auch sie klang vorwurfsvoll, obwohl ich gerade ihren Job sicherte.

Leider waren die kleinen Autos allesamt vermietet, sodass ich einen 5er-BMW nehmen musste. Ein Jammer!

Wenigstens hörten die Kinder kurz mit dem Geheule

auf, als ich aufs Gas drückte. Außerdem hatte ich ihnen alternativ zum Legoland vorgeschlagen, einen Kletterpark ganz in der Nähe zu besuchen.

Dort lief es auch super, bis wir in sieben Metern Höhe an eine Station kamen, die ich nicht kapierte. Ich glaubte, mich auf einem Stahlseil sitzend zur nächsten Plattform hangeln zu müssen. Ich merkte schnell, dass das viel zu anstrengend und wohl der falsche Lösungsansatz war. Doch da befand ich mich schon auf halber Strecke. Ein Aufstehen war auch nicht mehr möglich. Als ich es dennoch versuchte, rutschte ich vom Seil und der Karabiner verhakte sich. Die Kinder schrien vor Lachen, ich überlegte, noch einmal den ADAC zu rufen.

Glücklicherweise befreiten mich die herbeigeeilten Angestellten missmutig aus der unangenehmen Position und Luzie zeigte mir, wie man das Hindernis locker tänzelnd in 15 Sekunden überwinden konnte.

Mein Oberschenkel brannte, ich hatte ihn sauber am Stahlseil entlangschrammen lassen. Gegen 15 Uhr waren wir fertig und traten die Heimfahrt an.

Damit sollte der anstrengendste Teil des Tages geschafft sein, dachte ich mir. Denn Andi hatte uns zum gemütlichen Grillen eingeladen. Ein Burger wäre ernährungstechnisch sicher ein Rückschritt im Vergleich zum gestrigen Mangoldgemüse, aber zusammen mit einem Bier wäre er genau das Richtige für meinen lädierten Körper und meine geschundene Seele.

Schlagartig besser ging es mir, als ich nach dem Pinkeln an einer Raststätte in den Wagen stieg und bei »Heute im Stadion« gerade in den Volkspark geschaltet wurde und ich das 1:0 des HSV live mitbekam.

Ich fuhr enthusiastisch los, dann erst fragte ich die Kinder, ob sie angeschnallt waren. Als keine Antwort kam, stellte ich im Rückspiegel entsetzt fest, dass sie nicht im Auto saßen.

Mist, sie waren ja auch auf der Toilette. Zum Glück war ich noch nicht auf der Autobahn und konnte die beiden Heulsusen einladen.

Ich nahm sie in den Arm und tröstete sie: »War nur ein kleiner Spaß, nie würde ich euch irgendwo vergessen!« Sie fanden das nicht witzig und ich musste zwei Eis kaufen – also zwei für jeden. Quasi als Schweigegeld, damit sie ihrer Mutter nichts sagten.

Ich war echt froh, als ich später im Garten endlich ein Bier in der Hand hatte und Andi das Burgerfleisch auflegte.

Dann hatte ich eine prima Idee.

»Andi, habt ihr Glasnudeln da?« Er schaute mich skeptisch an.

»Ich möchte die Hamburger-Brötchen ersetzen durch Glasnudel-Nester, die man durch Anbraten stabilisieren kann. Hab ich bei einer Kochshow gesehen.«

»Und ich möchte einige Freunde ersetzen durch Menschen, die eine nicht ganz so große Meise haben«, antwortete er.

Das tat weh. So etwas muss ich mir von jemandem sagen lassen, der sich vegan ernährt. Da hätte ich auf mehr Verständnis für eine gesunde Ernährung gehofft.

Also verwarf ich den Gedanken und spielte mit den Kindern, die mit Andis Tochter Lisa gerade eine Wasserschlacht machten.

Ich schnappte mir ein gigantisches Wasser-MG und füllte es auf. Dann schlich ich ums Haus. Lisa erschrak, als ich um die Ecke stürmte und auf sie schoss.

Dieses Wochenende stand unter keinem glücklichen Stern. Lisa hielt ihr rechtes Auge genau in den Strahl. So ein Tollpatsch! Die Frauen, die auf dem Nachbargrundstück ebenfalls grillten, schrien entsetzt auf und leisteten Erste Hilfe. Zugegeben, es war ein starker Strahl. Aber deswegen gleich zum Arzt zu fahren, hielt ich für übertrieben. Ebenso übertrieben fand ich es, dass sie mir Vorwürfe machten und mich anmaulten, nur weil ich mir für die Fahrt zum Arzt einen Burger mitnahm. Aber ich hatte Lisa gegenüber ein schlechtes Gewissen und wollte sie auch abbeißen lassen.

Der Burger war spitze, auch ohne Glasnudelnest.

Es sollte mein einziger Burger an diesem Abend bleiben, denn nach dem Arztbesuch hatte keiner mehr Lust, weiterzugrillen. Obwohl auch der Arzt gesagt hatte, dass die Verletzung jetzt nicht so schlimm sei und Lisa ihr Augenlicht wahrscheinlich behalten konnte.

Jetzt wurde ich dafür bestraft, dass Andi als verantwortungsloser Vater so ein unpädagogisches Kriegsspielzeug gekauft hatte.

Etwas gekränkt fuhr ich die Kinder nach Hause, wir schauten eine DVD an und bestellten Pizza.

Den Sonntagmorgen gingen wir gemütlich an und fuhren zum Brunchen nach München. Optimal. Es gab eine Kinderbetreuung und sogar Weißwürste. Ich hatte ein schlechtes Gewissen wegen der Pizza am Vorabend und wählte deshalb die gesunden Weißwürste mit Petersilie.

Luzie und Tom malten und bastelten, ich aß Würste und Brezn und trank dazu ein Weißbier.

»Alkoholfreies Weißbier ist viel gesünder«, erklärte ich den Kindern, auch wenn sie wussten, dass ich gerade keines trank.

Die chillige Atmosphäre wurde nur kurz gestört, als Luzie einen Kinderpunsch trinken wollte. Im Sommer! Er war nicht im Preis inbegriffen. Weil Luzie aber im Begriff war, einen Aufstand zu veranstalten, willigte ich zähneknirschend ein.

Luzie trank einen Schluck und ihre Augen füllten sich mit Tränen.

»Das schmeckt mir nicht!«

Der Punsch hatte 3 Euro gekostet, also befahl ich ihr, weiterzutrinken.

Kurze Zeit später weinte sie richtig.

»Das schmeckt wie Kaffee!«, schluchzte sie.

Laut fluchend nahm ich ihr die Tasse ab und kostete. Es war wirklich Kaffee.

Wie sich herausstellte, hatte die Dame an der Ausgabe die Thermoskannen verwechselt. Alle außer Luzie fanden das sehr lustig.

Irgendwie hatte ich das Gefühl, dass die Kinder erleichtert waren, als wir wieder zu Hause ankamen und ihre Mutter uns empfing.

»Na? Wie war's?«, fragte sie die Kinder.

»Super! Am Freitag gab es Gemüse, am Samstag waren wir schön Klettern, und schau hier, wir haben dir etwas gebastelt. Aus recycelbaren Materialien.«

Ich hatte den beiden beim nächsten Besuch Spinat angedroht, falls sie das Falsche sagen würden.

Anna runzelte die Stirn, ließ es aber dabei bewenden.

Oder wir bleiben das ganze Wochenende zu Hause. Dann haben wir auch nichts zu befürchten.

Fallrückzieher

Natürlich hätte ich diesen Fallrückzieher nicht machen müssen. Ich bin 45 Jahre alt und mein Körper ist nicht sonderlich trainiert. Andererseits ist ein Fallrückzieher eines der wenigen Dinge im Fußball, die ich ganz gut kann. Oder früher einmal konnte. Mit 23 habe ich im Training beim VfR Burggrumbach mal ein schönes Fallrückziehertor geschossen. Sogar Lalli, mein damaliger Trainer und ehemaliger Zweitligaspieler, lobte mich über den grünen Klee beziehungsweise Rasen.

Wie man merkt, zehre ich noch heute von diesem Tor.

Vielleicht war es aber auch mein Körper und nicht mein Geist, der mich mit 45 noch einmal in die Luft steigen ließ. Mein Körper, der wusste, dass er bald vor Erschöpfung kollabieren würde, wenn er sich nicht schleunigst verletzte. Dann lieber mit wehenden Fahnen untergehen bei einer spektakulären Aktion.

Ich war an dem Tag in keiner guten Verfassung. Am Vortag hatte ich endlich das Manuskript meines neuen Buches beim Verlag abgeliefert, und jetzt galt es, mich wieder einigermaßen in Form zu bringen. Wochen ohne Sport, dafür mit schlechter Ernährung, lagen hinter mir. Ich hatte mir fest vorgenommen, ab sofort jeden zweiten Tag joggen zu gehen. Weil ich mich nicht mehr traute, im Badezimmer in den Spiegel zu schauen, geschweige denn die Waage zu benutzen.

Die letzte Möglichkeit, dem lästigen Laufen zu entgehen und stattdessen faul auf dem Sofa zu liegen, lag also in einer Verletzung. Das Spiel war schon fast vorbei und ich war sehr erschöpft. Es war klar, dass ich dermaßen ausgepowert den Bewegungsablauf eines Fallrückziehers nicht mehr hinbekommen würde.

Aber sollte ich die Chance auf ein Jahrhunderttor so einfach verstreichen lassen? Der Ball hüpfte vor mir auf und befand sich über meinem Kopf. Ich sah die Kugel schon im Netz zappeln und mich begraben unter meinen jubelnden Mitspielern. Gut, es stand schon 6:3 für uns, wir würden sowieso gewinnen, dennoch sprang ich hoch.

Die Aufstiegsphase lief ganz okay, ich schaffte es sogar, den Ball mit dem Fuß zu berühren. Jetzt musste ich nur noch landen, ohne mich zu verletzen. Was sich als nicht machbar herausstellte. Ein nasser Sandsack kann nicht geschmeidig landen. Ein nasser Sandsack kann nur wie ein nasser Sandsack auf den Boden aufschlagen. Allerdings kann bei einem echten nassen Sandsack im Gegensatz zu mir nicht allzu viel kaputt gehen.

In meiner Erinnerung stürzte ich so unglücklich ab, dass ich mir meinen eigenen Ellenbogen in die Rippen jagte. Wie das gehen soll, kann ich im Nachhinein nicht mehr wirklich rekonstruieren, aber so muss es gewesen sein. Zumal ich, am Boden liegend, zuerst nicht wusste, ob mein Arm oder meine Rippe gebrochen war. Ich schrie vorsichtshalber so laut, als wäre beides zerstört.

Man sagt Männern im Allgemeinen und mir im Speziellen Wehleidigkeit nach.

In meinen Vereinsmannschaften kümmerten sich meine

Mitspieler meist gar nicht mehr um mich, wenn ich schreiend oder wimmernd am Boden lag.

Zu unrecht. Ich bin doch kein Schauspieler. Immerhin habe ich im Laufe meiner Karriere schon einen Bänderriss im Knöchel, einen Schlüsselbein- und einen Schienbeinbruch davongetragen. Aber selbst bei meinem Schienbeinbruch im Alter von zehn Jahren bezichtigten mich meine Freunde der Andimöllerei.

»Setz dich erst mal auf die Bank, in zehn Minuten geht es sicher wieder«, sagten sie damals, obwohl selbst unser Torwart Dieter im Nachhinein zugab, das Knacken des Knochens gehört zu haben. Außerdem war das Schienbein blitzeblau und krumm wie eine Banane.

Auch dieses Mal glaubte ich, ein Knacken vernommen zu haben. Es tat auf alle Fälle so weh, dass mir sogar das laute Schreien schwer fiel. Ich tat es dennoch, nahm ich doch an, eine der zerschmetterten Rippen habe sich mitten ins Herz gebohrt. Mindestens.

Und wieder reagierten meine Mitspieler kaltherzig.

»Der spielt doch nur auf Zeit«, war noch einer der mitfühlendsten Sprüche.

Manchmal wäre ich gerne eine Frau. Gesetzt den Fall, ich würde als Frau so wenig Stolz besitzen und Fußball spielen, wären bei dieser Aktion gleich zehn Frauen zu mir gesprintet und hätten sich um mich gekümmert. Sie hätten meine Stirn abgetupft, meine Hand gehalten und mich beruhigt.

Männer reagieren anders. Bestimmt zehn meiner »Freunde« zündeten sich sofort eine Zigarette an, Poppi holte einen Campingstuhl aus dem Auto und setzte sich vor mich auf den Rasen.

»Das war wohl nix, Volker«, sagte er und schaute auf mich herab, »aber es war lustig anzuschauen.«

»Gebt dem Keidel auch mal 'ne Kippe. Wo der Rauch aus seinem Körper strömt, da müssen wir behandeln«, streute Edel fachkundig ein.

»Hast du daheim noch irgendwelche Geschichten in der Schublade?«, wollte Zsolt wissen. »Posthum veröffentlichte Bücher laufen am besten!«

Das Lachen tat so weh, dass ich sie bat, etwas weniger lustig zu sein und lieber zu überlegen, was zu tun sei.

Zuerst wunderte ich mich, als ich hörte, wie Alex den Notarzt rief, und war gerührt. Schnell wurde mir jedoch klar, dass mich lediglich keiner meiner Freunde ins Krankenhaus fahren wollte. Schließlich ging es wie jeden Sonntag nach dem Spiel in die Kneipe. Die Jungs visualisierten bereits ihr Weißbier, keiner wollte stattdessen mit dem wimmernden Volker auf die Röntgenbilder warten.

Das nächste Mal wunderte ich mich, als uns der Notarzt begrüßte.

»Altherrenfußball, das war ja wieder klar. Musste das wieder sein?«, brüllte er uns entgegen.

Nachdem ich ihm von meiner Diagnose erzählt hatte, legte er nach.

»Ja, Rippenbruch, das sieht man. Der Brustkorb ist ganz eingefallen. Wenn mehr als zwei Rippen gebrochen sind, muss es operiert werden.«

Weil ich meine Hände vor die Brust hielt und er gar nichts sehen konnte, fragte ich nach, ob er wirklich Arzt sei.

»Nein«, beruhigte er mich. »Ich bin von der Wasserwacht am Olchinger See. Ich soll nur die Erstversorgung übernehmen.« Was er aber nicht tat, vielmehr machte auch er sich weiter über mich lustig.

Um dann zu sagen: »Gell, das tut gscheit weh, wenn man lacht.«

Meine Erlösung schien nah, als schließlich doch noch ein richtiger Krankenwagen mit echten Sanitätern vorfuhr. Doch auch sie zeigten wenig Empathie und Verständnis.

»Was? Ein Fallrückzieher in diesem Alter?«, fragte der eine.

»Warum überhaupt Fußball in diesem Alter?«, fragte der andere. »Könnt ihr nicht schwimmen oder Dart spielen?«

Ich lag mittlerweile seit 20 Minuten am Boden und sogar der Rücken tat schon weh, alle anderen waren blendend gelaunt.

»Ich fahr besser dein Auto nach Hause. Vielleicht musst du ja mehrere Wochen im Krankenhaus bleiben«, mutmaßte Wolfi. »Wenn du jemals wieder rauskommst.«

Noch immer durfte ich nicht aufstehen, Holger wollte noch Bilder von mir und den Sanitätern machen.

»Er ist Autor«, erklärte Zsolt ihnen, »die Bilder braucht er für sein neues Buch.«

Letztlich hatte ich nur eine Rippenprellung und konnte dem Tod knapp entrinnen. Nach nur einer Stunde im Krankenhaus rief ich bei den Jungs in der Kneipe an, damit mich jemand abholte.

»Ui«, sagte Pauli, »warum rufst du ausgerechnet mich an? Ich hab mir eben noch ein Weißbier bestellt. Aber na gut, ich bin in etwa einer Stunde da.«

Tatsächlich musste ich, auf einer Bank zusammengekauert, sehr lange warten, hatte aber Spaß mit meinen neuen Freunden in Tablettenform.

Der Arzt hatte mir Schmerzmittel mitgegeben von der Sorte, die man wohl auch beim Drogendealer auf dem Bahnhofsklo kaufen kann.

Als Pauli um die Ecke fuhr, war ich super drauf. Auch weil mir dringend angeraten wurde, fünf Wochen keinen Sport mehr zu machen. Zeit genug, um Klaus Fischers Fallrückzieher-Technik auf YouTube zu verinnerlichen.

© Holger Tesche

Nüchtern betrachtet war es besoffen besser

Volker Keidel
BIERQUÄLEREI
Zum Feiern zu alt,
zum Sterben zu jung
208 Seiten
ISBN 978-3-404-60748-8

Wenn der „Morgen danach" mehrere Tage dauert, der Lieblingsfußballer viele Jahre jünger ist als man selbst und der Türsteher im Club „Jetzt kommen die schon zum Sterben her" murmelt, dann klopft das Alter an die Tür. Natürlich ist das Leben trotzdem noch fantastisch, schließlich hat man jetzt Familie. Da geht man bei Eiseskälte Weihnachtsbäume schlagen, zettelt Revolutionen bei IKEA an oder wird wegen eines Sprachfehlers des Sohns als Kinderschänder verhaftet. Und wenn man so gut erzählen kann wie Volker Keidel, ist es auch noch irre lustig.

Ein Buch wie ein Stück Leberkäs:
Alles drin!
BERND HOLLERBACH, HSV-LEGENDE

Volker Keidel
DAS WUNDER VON BERND
Geschichten von der Ersatzbank
208 Seiten
ISBN 978-3-404-60792-1

Fußball ist eine Leidenschaft, die Leiden schafft! Wenn die Lieblingsmannschaft schon wieder verliert, man sich als Hobbykicker gegenseitig die Beine malträtiert oder mit dem Kater nach der Niederlagenbewältigungsorgie zu kämpfen hat – Fußballfreunde haben es echt nicht leicht. Davon weiß Volker Keidel eine Fanhymne zu singen. Hier erzählt der bekennende Fußball-Fanatiker, der den Höhepunkt seiner eigenen Spielerkarriere mit der C-Jugend Bezirksliga 1982 überschritten hat, Geschichten über das Rückgrat dieses Sports: die bedingungslose Liebe der Fans zum runden Leder.

Bastei Lübbe

Werde Teil der Bastei Lübbe Welt
You Tube
www.lesejury.de
Lesen, rezensieren, Bücher gewinnen
Lerne Autoren, Verlagsmitarbeiter und andere Leser kennen